「このままでいいの？」

あなたの人生を一緒に考えて、
答えを作り上げていく本

岩田麻央

みらい PUBLISHING

はじめに

あなたの人生、このまま登り続けますか？

——気づくと、今日もまた同じ1日

朝起きて、いつも通り会社に行く、夜遅くに家に帰って、疲れて眠る、そして次の日もまた同じように会社に行く。もしくは、朝起きて、いつも通り子どもを学校に送り出し、家事をして、夜ご飯を作って、テレビを見て寝る。そして次の日もまた同じような生活を送る。

日々、「やること」に追われ、気づいたら1日が終わり、気づいたら1ヶ月が経ち、1年が経ち、**同じような生活を、ここ最近、繰り返している。こんな日々を過ごしていませんか。**

目の前にある「やること」を、ただこなすことに意識が集中し、近視眼的な日々を送っていませんか？　その日々の合間に、ふと手を休めて我に返った時、何かとんでもない大事なことを忘れていると、不安に駆られたことがありませんか？

もし、そうだとしたら、こんなことを考えて欲しいんです。

「あなたが頑張っている日々の延長線上には、何があるんでしょうか？」

「はしご」をイメージしてもらうとわかりやすいと思うのですが、目の前の「はしご」を毎日1段1段、必死に登っています。その日、その日を乗り越えるために、1段1段、ひたすら登っています。でも、ちょっと考えて欲しいんです。

あなたが今登っている「はしご」、その先には、どんな空が広がっているんでしょうか？　「はしご」を登った先に、あなたが望んでいる未来があるんでしょうか？

「はしごを掛け違えていれば、1段ずつ登るごとに、間違った場所に早く辿り着くだけである」（『7つの習慣』スティーブン・R・コーヴィー著　川西　茂訳）

もし、この質問に、「このままではダメかも」と少しでも感じてもらえるのであれば、ぜひこの本を読み進めてもらいたいと思います。もしかしたら、間違った「はしご」を選んで、ひたすら登り続けているのかもしれません。本当は、お隣の「はしご」を登った方がいいのに、何も考えずに、毎日1段1段登り続けているかもしれません。

もしそうだとしたら、この辺で、一度立ち止まって、「あなたの人生」というのを考える時間を取ってみてはいかがでしょうか？

だって、そうですよね。間違ったはしごを登り続けているとしたら、その登っている時間も無駄だし、その後、降りる時間も無駄になるんです。**だとしたら、一度立ち止まって、「考える時間を取る」方が賢明ですよね。**

――人生を「誰か」に捧げていませんか？

さて、「はしご」を登るのを一度やめて、少し時間をとって考えるという判断をされたとしたら、次に、あなたに、こんな質問をさせてください。

それは、**あなたは「あなたの人生」を生きていますか？**

いきなり、意味不明な質問で、戸惑うかもしれませんね。「私は、私の人生を生きているよ。当たり前でしょ」って思うかもしれませんが、果たして本当にそうでしょうか？

もう一度聞きますね。

本当に「あなたの人生」を生きていますでしょうか？　もしかしたら、「別の誰かの人生」を生きてしまってはいませんか？　**残念ながら、多くの人が、「自分の人生」で**

はなく、「他人の人生」を生きてしまっているんです。誰かに強制される人生、誰かの顔色を窺う人生、誰かに認められるために演じる人生、周りに足並みを合わせ、本当の自分を隠す人生……。

そんな人生をあなたは送っていませんか？　心の奥底で、本当のあなたが悲鳴をあげているのを感じませんか？

自分の人生を生きることをしないで、自分の人生を「誰か」や「何か」に捧げ、本心を隠したり、騙したりしながら、仮面を被って生きてしまってはいませんか？

ここで、「とある会社員の1日」を想像してみましょう……。

朝、アラームが鳴り響き、起きたくないのに、瞼をこすり、無理やりベッドを出る。着たくない服やネクタイを身につけ、乗りたくない満員電車に駆け込み、体を縮めて出勤。

自分の意思と反していても、会社の命令、上司の指示に笑顔で頷き、どこからか突然降ってきた仕事で、今日も残業（早く帰って、友人と飲みに行く予定だったのに）。

やっと仕事が終わり、電車に乗り込む。窓ガラスに映る、疲れ切った「自分の顔」。

自分って、こんな顔してたかなあ……。

こんな風になっていませんか？　あなたは「あなたの人生」を生きていますか？「１００％自分の人生を謳歌している」と言えますか？　それとも、**「誰か、別の人」の人生を送ってしまっていませんか？**

どうでしょうか？　この質問をされて、嫌な気分になる、下を向きたくなる、胸がざわざわする、など、あなたの中に潜む「あなた」が動くのであれば、しっかりとその感覚を感じてください。

「私は、私の人生を送っていなかったんだな」と気づいてしまったとしても、別に落ち込む必要はありません。現時点で、「１００％自分の人生を謳歌していない」とか「誰か別の人に自分の人生を支配されてしまっている」としても、僕は問題ないと思います。

大事なのは、「これから」です。

そうですよね。今までの人生がどうだろうが、そんな過ぎ去ったことを、とやかく言ってたってしょうがないんです。大事なのは、「これから」あなたがどう生きるか？ですよね。

なので、「次の二択をどう考えるか？」が大切な分かれ道となります。

Ａ：これから先も、「このままの人生」「自分ではない人生」を送り続ける

B．ここで、反旗を翻して、「今までと違う人生」「自分の人生」をあなたの手で創り上げていこうと、立ち上がる……。

どちらにするのか？　どちらを選ぶのか？

「これから」のあなたの人生、「未来」を、あなたの手で選び取ってください。**一度っきりの人生、果たして本当にこのままでいいのでしょうか？**

――元優等生会社員が描いて手にした理想の人生

少し偉そうな導入文で失礼しました。

先ほど、例に挙げさせてもらった、「とある会社員の1日」は、実は、以前の僕の1日です。そして、僕が今までの人生で僕自身に問いかけ続けた質問が

「このままでいいの？」

「僕は僕の人生を生きているの？」

「100％自分の人生を謳歌しているの？」

「本当にこれが僕の人生なの？」

「一度っきりの人生、このまま終わるの？」

だったんです。

自己紹介が遅れました。

岩田麻央（いわた まお）と申します。女の子っぽい名前ですが、男です。下の名前で、「Ｍａｏさん」って気軽に呼んでもらえると嬉しいです。

「理想の未来を手に入れよう」をテーマに、人生って可能性に溢れているんだよ、もっと、あなたらしい人生を創っていこうよ、といったことを伝える活動をしています。家族４人で好きな場所に移住し（今は、石垣島に住んでいます）、自分が好きなことを仕事にしています。（この前は、アフリカ支援の絵本を制作しました）。

以前の僕は、毎日同じような日々を繰り返し、ただ「目の前」だけを見て、はしごを１段１段必死に登っていました。段取りをしっかりとして、空気を読んで、何事もテキパキと行い、「優等生会社員」という「枠」に綺麗にはまるよう努力していました。

でも、心の中の、本当の僕は、そういった「枠」に収まることがうまくできなかったんです。社会の圧力に負け、丸くなってしまった自分に、一人で涙したり、アフリカに住み、電気のない夜に「何をやってるんだろう？」って自問自答したり、結婚を目前にし、会社に行けず引きこもりになって、自分を見失ったり、とにかく壁にぶつかって、もがき苦しみました。

僕が今まで歩いてきた道は、まっすぐの道ではなく、曲がりくねり、アップダウンの激しい道のりだったんです。そんな道のりの中で、僕は、「本当の僕」と向き合っていきました。そんな僕が日々考えていたこと、それが、**「このままでいいの？」という自分に対する質問です。**

そして、その答えが、

「いや、良くない」

「僕の人生はこんなもんじゃない」

「もっと人生は楽しいはず」「もっと人生は自由なはず」

と自分の人生の可能性を信じ、広げていきました。諦めずに行動し続け、現在では、好きな場所に住んで、好きなことを仕事にして、「自分らしい人生」「自分の人生」というのを送ることができています。

（まだまだ挑戦中ですが）数年前に自分自身が描いた「理想の人生」を今は手にすることができています。あなたの人生が今までよりも「自分らしい人生」「自分の人生」に1歩でも近づけるよう、本書では、あなたの内側にメッセージをお届けしたいと思います。

――本書の目的と構成

本書は、一般的な自己啓発本や、成功マニュアル本にあるような、「1つの正解」「1つの手順」「1つの価値観」を示すようなものではなく、もっと「本質的なアプローチ」に挑戦したいと思っています。

それは、「**答えは本書には書いていない**」ということです。

僕たちは物心つく頃から、教科書を読み、テストを受け、正解すれば、褒められるという人生を送っています。なので、答えは、「自分の外にあるもの」だと思ってしまい、答えを覚えようとしたり、答えを自分の外に探そうとしたりしてしまいます。

そうではなくて、本当は「**答えは、あなたの内側にあるもの**」なんです。

本書は、あなたがあなた自身で、自分の人生と向き合い、問いかけるための本にしたいと思っています。**本書の意義は「答え」の提供ではなく、あなた自身が考える機会づくり、「きっかけ」の提供だと思ってください。**

僕のリアルな経験談を、幼少期から現在に至るまで13章構成でお話しします。エピソードを読み進めていただきながら、「うんうん、わかる」と共感してもらったり、「ここはちょっと違うなぁと」と首を傾げてもらったりと、そこにいる「本当のあなた」の反応を確認してください。僕の今までの人生を、あなたに追体験してもらいながら、あなたの人生を、あなたの頭で考え、あなたの手で描き、そして手に入れてほしい、という願いから本書では、随所に「あなたへの問いかけ」を散りばめています。

そこには、「あなただけの答え」があるはずです。

正解かどうか、なんて気にしないでいいんです。あなただけの答えを、この本をきっかけに、あなたの内側から掘り起こしてもらいたいと思っています。本書に書かれた、あなたへの「問いかけ」と、あなた自身が向き合うことで、あなたの人生が新たな方向へ動き始めると思います。

――ボロボロになるまでこの本を使い倒してください

なので、「**本を読むこと**」**が**【**目的**】**ではありません。**もちろん、僕の数々の失敗や挑戦をお伝えするのが【目的】でもありません。あなたの人生をより「あなたらしい」ものにするために、もっと突っ込んで言うと、**あなたの人生の主導権を**「**あなた**」**のもとに取り返すために、**この本を使い倒してください。余白に感じたものを書き込んでください。

あなたが手にしたこの本をどのように使うかはあなたの自由です。

敢えて、この本には、「質問に対する回答欄」みたいなものを設けていません。なぜなら「回答欄」があると、「正しい答えを書かなきゃ」みたいな義務感が僕たちには染み込んでいて、キレイな答えを書いてしまうからです。もっと、ありのままの気持ちを言葉にして書いてほしいと思っています。ぜひ余白に感じたこと、考えたこと、気づいたことを、どんどん書き込んでみてください。

この本が本当の意味で効力を発揮するのは、２巡目以降だと僕は思っています。１巡目、この本を読んでもらいながら、あなたが感じたことを余白に書き込む。そして、しばらくしたら、また2巡目を読んでほしいと思っています。

その時に読んでもらうのは、僕が書いた文章ではなく、あなたが余白に書き込んだ言葉です。あなたの言葉と、僕の文章の対話を読んでほしいんです。以前より成長したあなたは、またそこに違う言葉を書き記すことができると思うんです（できればペンの色を変えて、記入してみてください）。そうやって、ボロボロになるまでこの本を使い倒していくと、あなたの中の「あなた」が顔を出し始め、だんだんと自分の人生を取り戻していっていることに気づくと思います。

ボロボロになりすぎたら、また新しく買い直してください（笑）。そうやって、数年かけて、この1冊の本と、あなたが向き合って成長してもらえたら、僕は本当に本当に嬉しいです。

問いかけ

①「私の人生このままでいいの？」。この問いかけをされて、感じることを書いてみませんか？　まずは、漠然と「私の人生このままでいいのかな？」と考えた時に感じることを書いてみましょう。続いて、今度は、焦点を一つずつ絞って、仕事、お金、生活、趣味、外見、性格、家族、人間関係、居住地……思いつく限り、「このままでいいのかな？」と問いかけてみましょう。「このままじゃダメ！」って思ったら、そこからが第一歩です。「このままではダメ」だからといって、何も落ち込む必要はありません。「このままではダメ」と気づくことができれば、僕たちはその状態を変えていくことができます。進歩だと僕は思います。

それでは、本書をスタートしていきましょう。

「このままでいいの？」目次

8章 はじめの一歩

あなたの人生をカエル
お手伝いをします

第1部

他人のレール

1章 いつからこうなったのか？

――父が教えてくれた「自由の意味」

まずは、「子どもの頃」からお話をしていきたいと思います。きっと子どもの頃の僕たちは、「誰か別の人の人生」なんか気にしていなくって、「ありのまま」で、「好き勝手」に生きていたと思うんです。それが大人になっていくにつれて、自分の個性を隠し、何かの枠にハマって、窮屈に生きることに慣れてしまったんだと思います。

なので、僕たちの「子どもの頃」にはヒントがいっぱい転がっています。あなたの子どもの頃を思い出しながら、読み進めて行ってください。

僕の子どもの頃のお話から、入りたいと思います。小学校低学年くらいの頃の話です。ある日のこと、家で宿題をやっていたら、父が怒りながらやってきて、こう言ったんです。

「なんで、お前は宿題をやっているのか？」

　子どもの頃の僕には、父が怒っている理由が全くわかりません。宿題をやらずに怒られるのであればわかりますが、宿題をやっていて怒られているんです。

　とりあえず理由を聞かれたので、僕は答えました。

「先生が『宿題をやれ』と言ったから」

　父は、ますます怒って、こんなことを言ったんです。

「**お前は、先生が『やれ』と言ったらなんでもやるのか？　お前の意思はないのか？**」と、続けて父は言いました。

「いいか、お前は【自由】なんだ。【自由】というのは、【自分に理由がある】という字を書くんだ。わかるか？　つまり、お前が何かをやるかどうかというのは、お前が決めるんだ。先生が『やれ』と言ったからやるんじゃなく、お前の中でやる理由があるかどうか、というのを考えるんだ」

　当時の僕は、父の話している内容が難しくて、ポカーンとしていたと思います。父はさらに言いました。

「【自由】は、英語の【ＦＲＥＥ】と違って、何でもしていいという意味ではないんだ。自分に理由があって、自分で決めていいんだが、その責任を取るのも自分だ。宿題をやりたければやればいい、やりたくなければやらなくていい。でもその結果の責任は自分が取るんだ。わかったな」

当時の僕にはまだ理解できていませんでしたが、とてもタイセツなことを父は教えてくれたと思います。

僕の好きな言葉に「**あなたは、あなたの人生のＣＥＯ（最高責任者）**」という言葉があります。

「**あなたは、あなたの人生のＣＥＯ**」（『トム・ピーターズのサラリーマン大逆襲作戦(1)ブランド人になれ！』トム・ピーターズ著　仁平和夫訳）

あなたの人生において一番責任を持っている人、一番決める権利を持っている人は、「あなた」です。これをぜひ忘れないで欲しいんです。あなたの人生の最高責任者は、あなたの親でも、あなたのパートナーでも、あなたの子どもでも、あなたの上司でもありません。あなたの人生の最高責任者は「あなた」です。ぜひこれを忘れないで欲しいなぁと思います。

父が伝えたかったことも、こういうことだったんだと思います。

問いかけ

②あなたは今の人生や仕事、人間関係などがうまくいっていないことを、誰か別の人のせい、もしくは何か別のもののせいにしていませんか？　あの人が悪い、会社が悪い、社会が悪い、時代が悪い、そんな風に思っていませんか？　あなたの人生のＣＥＯは誰なんでしょうか？　ぜひこれについて考えてみましょう。残念ながら、誰か別の人のせいにしていても、その問題は解決しません。うまくいかないんです。これにできるだけ早く気づいて欲しいなぁと思います。

――怒られたくない！　褒められたい！

父に「宿題なんかしなくてもいい」と言われた僕は、宿題をしないで学校に行きました。そうしたら、どうなったと思いますか？　そうですね。先生にめちゃくちゃ怒られたんです。僕の頭の中は混乱してしまいます。父は宿題をしなくていい、って言うし、それに従って、宿題をしないで行ったら先生に怒られるし、どうすればいいのか？　って迷ってしまったんです。

子どもの頃の僕は単純に、怒られたくなかったんです。なので、宿題をするようになりました。宿題をすれば、先生には怒られない。父に「何で宿題をやっているのか？」と聞かれたら、「勉強が好きだから」と答えれば、怒られない。これでまるく収まったんです。「勉強が好きだから」というのは、別に嘘をついたわけではなく、僕は本気で勉強が好きだったんです。そうして、きっちりと学校へ行って、きっちりと宿題をやって、テストでいい点数を取って、というような小学校生活を送りました。いい点数を取ると、今度は周りの大人たちが、僕のことを褒めてくれました。褒められるとすごく嬉しくって、もっともっと褒められたいと思って、行動していきました。

最初は、勉強が好きでやっていたのに、だんだんとテストでいい点数を取って褒められたいという気持ちの方が強くなってきてしまったんです。本当はテストの点数なんて関係なくて、好きだった勉強に没頭すればよかったのに、テストでいい点数を取るために勉強をしていくと、だんだんと勉強が面白くなくなってきました。でも、ここで勉強をやめたら、誰かに怒られます。一生懸命勉強をしたら、誰かに褒められます。

だから僕は、一生懸命勉強することを選んだのです。

多くの子どもたちが、こういう感覚で、行動を決めていると思います。

それは**親や先生に「怒られなくたい！　褒められたい！」という感覚です。**怒られないように、あらかじめ決められたこと、周りの人と同じことをして、もっと褒められるように、親や先生が求めることを一生懸命やって、気づいたら、本来の目的を見失っているんです。「自分」というものがなくなってしまうんです。周りの反応に合わせて、「物分かりのいい子ども」を演じてしまって、それが板について、演じていることにも気づかなくなってしまうんです。目の前に用意されたレールを正しく走り、大小様々な関門を器用にくぐり抜けることに慣れていってしまうんです。

もちろん先生や親が悪いことをしているとは思いません。僕も親として、自分の子どもに「褒めたり」「怒ったり」して、そういった影響を与えていると感じています。大事なのは、この時、僕も、あなたも、親や先生などのせいにしていては「意味がない」ということです。「私は子どもの頃、こんな嫌な環境だったから、こんな嫌な人生送っているの！」って怒ったって何の意味もないんです。大事なのは、僕たち1人ひとりが、「自分の人生の最高責任者は自分だ」と認識して、これから前をまっすぐ見て、進むこと。そして、親や先生、周りの大人の影響などで、**知らず知らずのうちに、しまいこんでしまった自分の個性を、大人になった今、再発掘することだと思います。**

問いかけ

③　あなたも「怒られたり」「褒められたり」した記憶があると思うんです。その時の状況、感情、行動を思い出して書き出してみましょう。誰かに怒られたあなたは、どんな風に反応したのか？　誰かに褒められたあなたは、どんな風に反応したのか？　を思い出してみましょう。本来のあなたはどんな子どもだったのでしょうか？

――ダメなままではダメなの？

僕は褒められたいと思って、勉強にはまり込んで行きました。中学受験をすることになり、塾にも通い始めました。でも、人間、得意不得意があるもので、僕は算数が得意でしたが、暗記が多い社会が苦手でした。苦手な理由は「面白くなかった」からです。算数は頭を使って問題が解ければ、一種の快感を味わえましたが、暗記系の場合は、覚えているかどうかで答えられるかどうかが決まってきます。年号を語呂合わせで覚えてそれでいい点数が取れても、別に嬉しくなかったんです。だから、「算数」の勉強を好んで、集中して行うようになりました。

テストの点数というのは１００点満点です。１００点以上はないんです。僕がいくら算数の勉強にはまって、算数の理解を深めても、２００点、３００点取れるわけではないんです。だから、塾の先生は、「得意の算数の勉強はしなくていいから、苦手な社会の勉強をしなさい」って言うんです。当時の僕の基本にある考え方が、「怒られたくない、褒められたい」だったので、社会の勉強をするようになります。そうすると、だんだんと勉強がつまらないものだと、感じられるようになってきました。苦手科目を無理やりやらせることで勉強嫌いになる子どもは多いと思います。

大人になった今、思うこと、それは**「ダメなままではダメなの？」**ということです。僕が子どもの頃は、国語、算数、理科、社会、全部の科目でいい点数を取るように言われました。悪い点数の科目を指摘され、苦手科目を克服するよう勉強することを強いられました。でも、**みんなが満遍なく同じように点数が取れる社会に、あんまり魅力がないと感じるんです。**

僕は算数が得意だから、算数の才能を伸ばす、あの子は国語が得意だから、国語の才能を伸ばす、こっちの子は、社会が得意だから、社会の才能を伸ばす。そんな３人が手を組んで一つのプロジェクトを行った方が、面白いプロジェクトができる、って僕は思うんです。みんなが苦手科目を頑張って克服し、平均的にそれなりにいい点数が取れる「普通の人」そんな人たちが手を組んでも面白いプロジェクトはできないんじゃないかって思うんです。本当に「ダメなままではダメなのでしょうか?」

問いかけ

④　あなたが子どもの頃、得意だったものはなんですか?

⑤　あなたが子どもの頃、苦手だったものはなんですか?

——仮面をつけて生きる

子どもなりに、自分の社会を生き抜くために、「怒られたくない、褒められたい」と願い、苦手科目を克服して、平均的な「いい子」を目指すようになりました。自分勝手に動こうとすると、「みんな、おとなしく座ってるぞ」と怒られ、「やりたくないこと」を「やりたくない」というと、「わがまま言うな、周りを見てみろ」と言われ、**周りの人と同じように、大人の言うことを素直に聞くのが正解で、大人が正解を導いてくれるもんだと思うようになりました。**

誰かが用意したレールを、ぶつからずに器用に進むのが正解で、そこから外れようとすると「矯正」され、また元のレールに戻され、定期的にやってくるテストや受験などの関門に向かって、まっすぐ進むようになりました。それが正解なんだと、レールの上を外れないよう、目立たないよう、おとなしく歩いていきます。自分の本当の感情に従った言動は認められず、感情を押し殺し、誰とでも仲良く、笑顔を振りまいて、僕たちの顔の上にはうっすらとした仮面がついていて、ブルーハーツさんが言うように、息苦しいんですね。

「仮面をつけて生きるのは　息苦しくてしょうがない。どこでもいつも誰とでも　笑顔でなんかいられない」（『チェインギャング』真島昌利・作詞　THE BLUE HEARTS）

だから、僕たちは中学高校と年齢が上がってくるにつれて「反抗期」というものを体験します。「反抗期」という名称がすごいなぁと思うんです。その考え方の前提には、「正しい圧力」みたいなものがあって、「その圧力に対抗、反抗する」から「反抗期」って名前がついているのかなぁと思うんです。「先生の言うことを聞け、親の言うことを聞け」聞けないお前は「反抗期」だな、とかって言われるわけです。これってちょっと変ですよね。本当は1人ひとり個性を持っていて、その個性を素直に表現して、それを認め合う「多様性社会」なはずなのに、一つの正しい考え方があって、それに従えない人を「反抗期」というレッテルを貼るのって、変だなぁって思うんです。

一つの正解がある、常識は正しいもの、だと信じ込んで、反抗期の若者を押さえ込んで、**再度仮面をつけさせ、レールに戻させ、何か一つの方向に向かって進んでいく。果たして僕たちはどこに向かっているんでしょうか？**　目的地を見失って、目の前にぶら下げられた人参をやみくもに追いかけ続ける馬のような状態になってしまっています。本当は人参より食べたいものがあって、本当は行きたい場所もあったはずなのに、そんなことすら忘れてしまって、近視眼的に目の前にある人参を追いかけ続けるような人生になってしまったんです。

いつからこんな風になってしまったんでしょうか？

ここまで読んできて、あなたはどんな風に感じますか？　何か心が動くものがありますか？　心が動くものがあれば、ぜひ余白に感じたことを書き込んでおいてください。

きっと僕たちは、生まれたときは純粋で素直で、好奇心いっぱい、心から笑ったり、心から泣いたりしていたんです。でも、育っていく中で、少しずつ社会に適応し、気づいたら、僕たち1人ひとりが持っている個性とか、本当は大切にするべき感情を押し殺し、「何か」や「誰か」と足並みを揃えるようになっていったんです。

もちろん「社会」というカタマリの中で、一緒に生活していく上で、身につけていくべき感情、スキル、知識などは存在していて、それを集団で学んでいくという行為も必要だと思っています。ただ、そんな中で、もしあなたが自分を押さえ込んできたと感じているのであれば、本来の自分を思い出していきませんか？

この章では「いつからこうなったのか？」というテーマで、子ども時代から反抗期あたりくらいまでを考えてみました。前述しましたが、忘れて欲しくないのは、**「あなたは、あなたの人生のCEO（最高責任者）」**という考え方です。仮にあなたが、僕が感じてきたことと同様に、子どもの頃に「自分の個性を押さえ込まれた」と感じていたとしても、それを誰かのせいにして、批判していても意味がないんです。大切なのは、これから「僕たちがどうやって生きるか？」「あなたの手でどんな人生を創っていくか？」です。理想の目的地に向かって進んでいくにあたって、今までどんな風に進んできたのか、という原点

を一緒に確認したいなぁと思い、お話しさせていただきました。

問いかけ

⑥ あなたは今どんな仮面を被っていますか？　本来のあなたはどんな顔をしていて、その仮面を被ると、どんな顔に変わるんでしょうか？　考えてみてくださいね。

クエスト：思い出アルバム

子どもの頃のあなたを思い出してみませんか？

頭の中で思い出すだけではなく、少しだけ時間をとって過去の記録を振り返ってみましょう。

純粋無垢で遊んだり笑ったりしている子どもの頃の写真やビデオが、どこかに眠っていませんか？　記録やあなたの記憶だけでなく、親や親戚などに、「どんな子どもだったか？」を聞いてみるのも面白いと思います。

2章　諦めた夢

――「自我」があっても「自力」がない

僕は中学受験をして、大学付属校に入ったので、中学高校時代は受験勉強をする必要がなく、部活に明け暮れました。毎日のようにキツイ練習をして、家に帰って寝て、また部活という日々を繰り返しました。そして、部活を引退する頃に、「将来」や「進路」みたいなことを突然突きつけられました。

「将来、何がしたいか?」「そのために大学で何を勉強したいか?」と

高校生の僕は、「建築」の勉強をしたいと思いました。「建築家」になりたいと思ったんです。でも残念ながら、進学予定の大学に「建築学科」はなかったんです。進学予定の大学をやめて、大学受験をすることも考えましたが、その話を親にしたら、反対されました。「何のために大学付属校に入ったのか?」と言われました。親の気持ちもわかります。今まで高

い学費を払ってきて、やっと大学に行けるのに、それを無駄にされたらと思ったら反対しますよね。確かにその気持ちもわかる、でも学びたいと思っていない学部で4年間、さらに学費を払って通う理由って何なのだろうか？　とも思いました。高校、大学くらいになってくると、僕たちにはしっかりとした「自我」があります。「こういうことをしたい」、「こういうことをしたくない」と表現できるようになっています。でも残念ながら、「自力」がないんです。自分の手で生き抜く力がまだ身についていないんです。

だから、「ミュージシャンになりたい」「スポーツ選手になりたい」とかって、夢を語っても、大人たちに「**甘いこと言っていないで、大学に行きなさい、就職しなさい**」って言われちゃうんです。言い返したい気持ちはいっぱいあるけど、自分に力がないことを、自分でも気づいてしまっているので、親や先生が示すような「安パイ」の道を選ぶ人が多いんだと思います。

悔しい気持ちを抱きながらも、本気で言い返せない、自分の甘さにも苛立っているんだと思います。

10代の後半あたり、まだまだ人生は無限の可能性が広がっていて、いろんなことができるんじゃないかと夢を見ながらも、「大人」の入り口に近づいていて、「現実を見なさい」という言葉との狭間で、夢を諦めてしまった人も多いと思います。

問いかけ

⑦ 10代の頃、あなたが描いていた夢はどんなものでしたか？　漠然としたものでもいいので、思い出してみてください。

⑧ その夢に対する反対意見はありましたか？　その夢を親や先生、友達などに告白できていないとしたら、頭の中でどんな反対意見を妄想していましたか？

――「シカク」を目指す、真「シカク」な人たち

僕は結局、親の言う通り、進学予定の大学に進み、法学部法律学科に入学しました。周りの友達は弁護士や検事を目指して司法試験用の塾に通いはじめました。僕は通いませんでした。そんな僕に、教授が話しかけます。

「Ｍao君、君は弁護士向いていると思うよ、どうして司法試験に挑戦しないんだい？」

僕はこんな風に話をしました。

「僕が人生で何か困ったことがあった時、弁護士資格を持っている方に相談したいですが、資格を持っているだけでは十分ではなくて、様々な人生経験を持っている人に相談したいと思います。大学生の僕が、司法試験で資格を取って弁護士になれたとしても、自分が誰かの人生を弁護できるような厚みのある人間だとは思えないんです。だから僕は社会に出ます。社会に出た上で、誰かを弁護したいと思うのであれば、その時に弁護士資格を取るかどうか考えればいいと思っています」

教授はにっこり笑って、僕を社会に送り出してくれました。

誤解を生む表現かもしれませんが、僕は「資格」というものに少し懐疑的です。医者、先生、弁護士、一定の試験等に合格すればなれる職業だと思います。もちろん一定の技術、知識を身につけているかどうかを判断するための試験、資格という仕組みは大事だと思いますが、「資格」だけでは判断できない、「人格」「人間力」みたいなものも大事だと思うんです。そういったものは「資格」では測れないと思うんです。

でも多くの人は「資格」を取れば「弁護士」になれる、「資格」を取れば「●●」になれると思って、目の前の資格取得勉強に没頭します。**杓子定規で測れるような、真四角（シカク）な考え方ではダメなんじゃないかと思っています。**

また、多くの資格は「ビジネス」だと思います。資格ビジネスです。資格があるから、教材が生まれ、塾が生まれ、受験料や認定料、更新料などが発生します。そして多くの人が資格を取りたいと思って、お金を払います。**これって僕たちの心の弱さに付け込まれているとと思うんです。**誰かに認定してもらえなければダメって思って、依存しているから、資格を取ろうと思っているんじゃないか。もっと自分の足で立たないとダメなんだと思っていました。

でもこんなことを「自力」がない大学生の僕が言っても、単なる戯言です。ただ資格試験を勉強したくない人が、口八丁で言っているだけにも聞こえてしまうんです。

問いかけ

⑨　あなたは資格についてどう思いますか？

⑩　どんな資格の勉強をしましたか？　それはなぜですか？（あなたの人生は誰かに認定されなきゃダメなんでしょうか？）

――就職活動はお見合い活動

弁護士資格を目指していなかった僕にとって、大学を卒業すると次に用意されている関門は「就職」です。小学、中学、高校、大学、就職、とちゃんとレールは用意されているんです。周りの就職組もそわそわし始めます。周りの友達は、大手企業、人気企業、年収の高い企業に群がり始めます。「あの人、●●で内定もらって、すごい」みたいな噂が流れ始めます。

僕は、ここでも少し違和感を覚えました。**就職活動を「お見合い活動」だと思っていたからです。**可愛い人と結婚したから幸せになれるわけでもなく、年収の高い人と結婚したから幸せになれるわけでもない。だから、できるだけ、自分の色を出して、就職活動に臨もうとしました。

というのも、正直ちょっと気持ち悪かったんです。みんなが同じようなスーツ、同じようなカバンを持って、突然黒髪に戻して、面接マニュアル本を読んで、同じような自己PRを話しているんです。冷静になって周りを見渡すと、その異様な光景に寒気がしました。

ある会社で、面接官にこう聞かれました。

「誰にも負けないものは何ですか？」

僕はこう答えました。「そんなのありません。誰にも負けないものを持っていたら、オリンピックに出たり、会社を作ったりしています。反対に僕が聞きたいです。あなたは誰にも負けないものがあるんですか？」

「シーン」当然落ちます。

ある時は、茶髪で面接に行っただけで、睨まれて「その髪型は何だ」と怒られました。ちなみに相手はバーコード頭でした。「髪型で人を判断されたら嫌じゃないですか？」と言いました。

当然ここも落ちます。

でも、だんだんとこの就職活動を通じて、自分を表現することに慣れてきました。こんな感じでも大学のネームバリューのおかげか、日本で一番大きな鉄道会社の最終面接にもこぎつけました。面接直前、廊下でドキドキしながら椅子に座っている僕のところに人事部の偉い人がやってきて、耳元で僕にこんなことを言いました。

「今日はおとなしめに発言してね。そつなくやってくれれば、キミは合格できるから」

その言葉に、緊張していた自分がバカらしくなり、いつも以上に包み隠さず発言しました。保守的な取締役の方々のひんしゅくを買いました。はい、落ちました。

なかなか結婚相手は見つかりません。

でも、ここで迎合してはダメだと僕は思いました。だって、就職するということは、1日の大半の時間をそこで過ごすわけです。ここの見極めって、人生においてすごく大事な部分だと思うんです。

問いかけ

⑪ あなたが今働いている（もしくは過去に働いていた）会社に入社した理由を思い出してみましょう。

⑫ 就職した時のエントリーシート、志願書を探して、もう一回見てみましょう。青臭いことが書いてあったら、バカにするのではなく、真剣に向き合いましょう。

――面接で夢を語った結果

当時、本命だと思っていた会社の最終面接まで何とかたどり着きました。不動産関係の会社でした。そこで、こんな質問をされました。

「で、キミは何がしたいの？」

僕は夢を聞かれていると思い、

「はい、僕は子どもにわかりやすい仕事をしたいと思っていて、テーマパークを作りたいです。そして、完成したら、自分の子どもを連れて、そのテーマパークに行って、これが父さんの仕事だって言いたいです」って、キラキラ目を輝かせながら話をしたら、

「はぁ、キミ何言ってるの？　今は不景気なんだよ。いつまでも学生気分じゃ困るよ」って言われました。

僕は、机をバンっと叩いて、（気持ち的にはバンっ！　でしたが、本当はすごく小さい音だったと思います）「夢を語れない会社で働きたくありません」と言って、面接を途中で退出しました。

もちろん落ちました。

その話を大学で友達に言ったら、

「お前バカだなぁ。あの会社に入っていれば、給料もめちゃくちゃいいし、女の子にモテモテらしいぜ」と言われました。僕はよくわかりません。働きたくない職場で高い給料をもらって、幸せなんでしょうか？　会社のステータス

だけで異性の相手を選ぶような人と一緒にいて幸せなんでしょうか？

この頃、僕は「大人の入り口」「社会の入り口」に入ろうとしていて、その手前でさまよっていたと思います。今までは、「子ども」だったので、「大人」の言う通り、「大人」の示す通りに進んできました。でも「大人になる」ということは、誰かに寄りかかるのではなく、自分の足で立つ、自立する必要があると思っていました。そのためには、自分はこう思う、自分はこういう方向に進みたいという芯を持つ必要があると思っていました。

でも、僕がこれから入ろうとしている「大人の世界」「社会」というところは、そんな芯を持っていることが、「ジャマ」「迷惑」「無礼」と感じるような場所でした。**子どもの頃は、「大人の言うことを聞きなさい」と育ち、大人になったら「【見えない何か】の言うことを聞きなさい」と言われているような感じがしました。**

「大人になったら何になりたい？」「夢を持つことはいいことだ」そんな言葉も聞いてきたのに、大人になるに近づいて、**「そんな甘い戯言を捨てるのが、大人になる、ということだ」**と言われているような気がしてきました。

こうやって、僕たちは、心の底で持っていた希望や夢、理想みたいなものをさらに奥底にしまいこみ、さらに厚い仮面を被るのかもしれないですね。

「夢なんて諦めた方が楽だよ、尖っている部分は、削ぎ落として丸くなった方が身のためだよ」って、耳元で誰かが囁きます。

大人が用意した目の前のレールは、大人になれば消えるのかと思っていたのに、さらに長く続いているような予感がした就職活動でした。

問いかけ

⑬ このエピソードを聞いてあなたはどう思いましたか？

⑭ あなたより若い子があなたに大きな夢を語った時に、あなたはどんな反応をしますか？

クエスト：将来の夢

あなたも夢を描いてみませんか？　あなたの過去や経験、現在のスキル、能力、人間関係、そういったものは一旦横に置いて、あなたの「将来の夢」を妄想してみませんか？

「夢がない」「夢なんて忘れた」という人は、何者かに夢を奪われてしまったのかもしれません。もう一度熱い気持ちを持って夢を描いてみませんか？　別に誰にも言わなければ、笑われることもバカにされることもないんです。自分1人の心のうちに留めておいていいので、将来の夢を描いてみませんか？

3章 社会に押しつぶされる

――最後の授業、教授のアドバイス

大学もそろそろ卒業です。入っていたゼミの最後の授業で、教授がこんな話をしました。

「ここから10年間あなたたちが、どのように頑張るかが、とても重要です。仮にあなたが22歳だとして、22歳から32歳までの10年間、一生懸命、丁寧に頑張れば、32歳から42歳の10年間はとても活躍できると思います。だから、ここからの10年間、丁寧に毎日を生きてください。

そのために、『10年日記』を書くことを私はおすすめします。『10年日記』を手にすれば、あなたの10年後の未来が、今のあなたと繋がっていることを意識できると思います。ぜひ『10年日記』を手に入れて、毎日コツコツ歩んでいってください。あなた方のこれからの努力を応援しています。」

……こんな感じの話だったと思います。

影響の受けやすい僕は、早速その日に文房具屋に寄って、10年日記を購入しました。値段は３５００円くらいでした。正直、「少し高いなぁ」と思いましたが、こう考えました。

10年で３５００円ということは、１日１円くらいだ。そう思ったら、高くない。よし買おう。

この時、教授の言葉に感化されて、10年日記を購入して本当に良かったと思います。そこから僕は現在に至るまで10年日記を書き続けています。（現在は2冊目です）

この10年日記は、非常に優れたフォーマットです。どこが優れているかというと、１ページに、10年分の同じ日が書けるということです。

仮に２０２０年から10年日記をスタートすると、「１月１日」というページには、２０２０年から２０２９年までの１月１日を記入することができます。１日に書ける量は大体3行程度という短いものなので、気楽に続けることができ、書き続けていくと、１年前、２年前に何をしていたのか、どんなことを考えていたのかをすぐに見ることができますし、反対に、未来に向かって、１年後、２年後、５年後にメッセージを送ることもできます。

10年日記というツールを使うことで、「10年」というスパンを、「遠く切り離されたもの」ではなく「延長線上のつながったもの」として捉えることができ、過去を省みながら、自分の未来を創っていくことができます。

もし、あなたが10年日記を始めていないとしたら、ぜひやってみてください。毎日書けなくても構いません。大事なのは10年間、あなたの机の上に置いておいて、気づいたら何かを書いていくことだと思います。

世界ナンバーワンコーチと言われているアンソニーロビンズさんの言葉を引用します。

Once you have mastered time, you will understand how true it is that most people overestimate what they can accomplish in a year - and underestimate what they can achieve in a decade! （『A WAKEN THE GIANT WITHIN』 TONY ROBBINS 著）

「多くの人は1年で、できること過大評価し、10年で、できることを過小評価している」と彼は話しているんですね。

「10年間」という時間があれば、大抵のことであれば、乗り越えたり、達成したりできると思います。あなたの目の前に広がっている「10年間」というのはそれくらい可能性に満ち溢れているものなんです。

　ということで、僕は、大学を卒業し、これからやってくる「大人の社会」に期待、ワクワク、不安、恐怖、など、様々な感情を抱きつつも、10年分のまっさらな白紙の日記を持って前に進むこととなりました。さて、これからどんな未来が待っているのでしょうか？

問いかけ

⑮ あなたは10年前どんなことをしていましたか？　どんな希望を抱いていましたか？
どんな恐怖を持っていましたか？

⑯ そして、今その希望や恐怖はどうなっていますか？

⑰ では、10年後、あなたはどうなっていたいですか？

——入社式、「金髪」で行きました。

前章でお話をしていた、就職活動の顛末をお伝えしていなかったですね。「で、キミは何がしたいの？」と第一希望の会社の最終面接で問われて、「夢」を語ったら、「学生気分じゃ困る」と言われ、怒って途中退室しちゃったんですね。実は、その翌日に、とある玩具メーカーの説明会に行ったら「大いに夢を見ましょう」というような話だったので、「ここだ！」と思って受けることにしたんですね。

その面接で、志望動機を聞かれ、「実は先日、とある会社でこんなエピソードがあって、怒って退室してしまって、翌日、説明会に行ったら、御社では『夢』について話をしていたので、受けることにしました」という話を正直にしたら、盛り上がってしまって、当時の人事部長に、「君、うちの会社来なよ。向いているよ」って言ってもらえたんです。ということで、晴れて、就職先が決まりました。

また、嬉しいことに、人事部からの説明で「うちの会社は服装や髪型は自由です」という話もいただきました。「服装や髪型は自由」と言われたので、どうしたらいいのかなと思い、美容師さんに相談して、「かっこよくキメよう」ということで、金髪に、白や銀、オレンジなどのメッシュを何色か入れることにしました。よし、これで準備はバッチリだ！と思いました。今思うと、漫画『今日から俺は!!』（西森博之著）の三橋くんみたいな感覚だったのかもしれません。

　さて、ワクワク、ドキドキしながら、金髪で入社式に行きます。でも驚いたことに、みんな黒髪にスーツでバシッとキメてきていました。はい、完全に失敗です。一人で浮いていました。卒業旅行で、友達とアジアを1ヶ月放浪した甲斐もあって、肌は真っ黒、髪は金髪、「入社式にギャル男がきてる」というひそひそ声が方々から聞こえてきます。1人ひとり、社長と握手をして、記念撮影をするというセレモニーが入社式にはあるのですが、器の大きい社長も、僕と握手をするときは苦笑いをしていました。

　無事、入社式が終わったと思ったら、廊下で、顔も合わせたことのない諸先輩方が怖い顔をして僕を待っていました。廊下の隅に追いやられ「お前、会社を舐めているのか？」「社会を舐めているのか？」と問い詰められたんです。

　僕には、彼らの言っている意味がよくわかりませんでした。「髪型が自由」と言われて入った会社に「自由な髪型」をして行って、何がいけないのでしょうか？　入社初日から悲しい気持ちになりました。その一方、実は、嬉しいことに、別のご意見をくださる諸先輩方もいました。僕のところに爽やかにやってきて、「きみ、いいねー」とか「このまま貫き通してくれ」とか言ってくれる先輩方がいたんです。すごくすごく嬉しかったです。とはいえ、そんな言葉をかけてくれる人たちは本当に少数でした。僕の変わった髪型を非難する目、関わりたくないと思う態度、ランチや休憩などで、「イタイ若者」の話題が、噂で僕のところにやってくる、そんな日々が続きました。

さて、ここまでのエピソードを読んできて、あなたはどう思いますか？

いくら髪型が自由だからって、入社式に金髪はありえないって思いますか？

多くの人が、「もっと自由でありたい」と望みます。自分が望む洋服を着たい、自分が望む髪型で生活や仕事をしたいと思う人もいると思います。でも残念ながら、様々なルールやしがらみなどで、なかなか「自由」にはなれず、周りの空気を読み、周りと同じような洋服、髪型で生活や仕事をします。

一方で、自分が望む洋服や、自分が望む髪型をしている人を見ると、否定したり、非難したりするんです。

これってちょっと不思議じゃないですか？「自由になりたい」と思いながら、「自由」になっている人のことを認めたくないんです。特に自分より若い子に対してそう思う傾向があります。認めたくない理由は、自分を正当化したいんだと思います。

でも、僕はこう思うんです。**「自由」になっている人を認めようとしないから、「自由」になれないんです。**あなたが、もっと自分らしく生きたい、もっと自分らしく働きたい、自分の個性を出したい、誰にも抑圧されたくない、と思っているとしたら、ぜひ、そういう行動をしている人を認めたり、応援したりしてほしいんです。それがきっとあなたの自由にもつながってくると思います。

僕は金髪で入社式に行って、多くの人から反発を受けたとき、正直心細かったです。でも少数の応援してくれる先輩方の気持ちは、すごく嬉しかったです。きっとそう思いながら、「自由」に向かって頑張っている人たちがあなたの周りにいます。**あなたも「理解者」になることから始めてみませんか？**

問いかけ

⑱ いつから周りと違う髪型、服装、行動、意見をすることを恐れるようになりましたか？

⑲ 周りと違う髪型、服装、行動、意見をする人のことを後ろ指さしてはいませんか？

——大人になるということ

入社式が終わると、新人研修が行われます。人事部主導で、名刺の渡し方、挨拶の仕方など社会人としての基礎マナーを学んでいきました。時折、髪型についても触れられます。でも「うちは服装も髪型も自由だから」と言ったのは人事部です。だから僕は、髪型は「そのまま」で研修に臨みました。そして、新人研修が終わると、各部門への配属発表があります。

僕の配属先は驚愕の「営業部」でした。なぜ驚愕かというと、面接時に営業部長に「営業に興味はあるか?」と聞かれ、「営業はしたくない、営業をするならこの会社に入りたくありません」って答えて、営業部長の機嫌を損ねていたからです。それでも、営業部配属でした。

すごく嫌でした。さらに追い打ちをかけるように、営業部の先輩からこう言われます。

「営業部は、黒髪にスーツだから」

ということで、入社して、たったの1ヶ月で、僕は普通のサラリーマンと同じように、黒髪にスーツで、満員電車にゆられ出勤するようになりました。社会一般的にみると「曲がった性根」を叩き直すための営業部配属だったんだと思います。

ここまで読み進めてきたあなたであれば、想像がつくと思いますが、僕の「歯に衣着せぬ」言い方は、取引先で「揉め事」になります。老舗の取引先に「新人なんだから俺の言うことを聞け」と言われ、「これは会社と会社の取引で、あなたに雇用された新人ではない」と言ったら「出入り禁止」になったこともありました。

向いていないし、「会社を辞めたい」と上司に打診しました。でも、人の心をつかむのが抜群にうまい上司に懐柔され、だんだんと僕は丸くなって行きました。上司に信頼され、たくさんの仕事を任せてもらい、深夜残業、休日出勤を繰り返し、仕事のやり方を覚え、個人の売上成績もどんどん上がって行きました。忙しい仕事の合間を縫って、先輩に飲みに連れて行ってもらい、散々愚痴を聞いたり、僕も愚痴をこぼしたりしていました。

大人になるということは、自分の素直な気持ちに蓋をして、できるだけ笑顔で、いろんなことを自分の器の中に溜め込んで、それでも、文句を言わずに、目の前にある大量の仕事を、感情を消して、できるだけ正確にやることなんだと思うようになりました。そして、お互い溜まったストレスは、仕事終わりに飲みに行って、吐き出し、リセットするものなんだと。

仕事中は文句も言わず、笑顔で、「はい、できます」「挑戦させてください」「頑張ります」と言ってたら、周りは喜ぶし、上司は評価してくれる。子どもの頃と変わらないんです。ベースにあるのは「怒られたくない！　褒められたい！」です。職場で評価されると、その分、仕事の量はどんどん増えていき、その仕事を速く正確に処理するために「感情」や「個性」という邪魔なものは排除するようになっていきました。そして、だんだんと心も体も疲れていったのです。

大人になるということは、平均的な存在になること、重い荷物を黙って我慢して背負うこと、気づくとそんな大人になっていきました。

問いかけ

「愚痴」について考えてみましょう。

⑳ あなたの周りにはどんな愚痴があふれていますか？

㉑ あなたが普段使っている愚痴を書き出してみましょう。

㉒ それらの愚痴を我慢し続けるのがあなたの人生でしょうか？

——甲子園を見ていたら、情けなくて涙が出てきた

人間って、良くも悪くも「慣れていく生き物」です。黒髪、スーツ、愚痴飲み会、膨大な仕事量、そういったものも３年もすれば、慣れていきます。あんなに忙しいと思ってたのに、余裕が生まれてきます。社会人３年目、平日の昼間に僕は有給をとりました。夏の暑い日でした。東京ドームの近くに一人暮らしをしていたので、そこに併設されている温浴施設に行って、風呂上がりに休憩室でビールを飲みながら、甲子園を見ていました。

９回裏、２アウト、負けていました。「もうこの試合も終わりかな」と、ぼーっと見ていたら、打順が回ってきたのは、高校３年のキャプテン。実況中継が流れます。

「総勢２００名の部員を率いるキャプテンの◯◯、ここまで苦しい戦いでした」

１ストライク、

２ストライク、

ファール、

「粘ります」

ファール、

「粘ります。本人にとっても最後の夏です。絶対に負けられない想いがここにある、さぁ

どうするか」

カキーン！

甲子園球場のカラッと晴れた空に響く、清々しい音。

「打ったー！　打ったー！！　キャプテンの○○が打った！」

ガッツポーズをしながら、満面の笑顔で走る球児

「ウーーーーー」

甲子園のサイレンが、鳴り響きます。キャプテンに抱きつくチームメンバー、嬉しそうな応援者たちの顔、逆に、勝利をつかみかけていたのに、突然敗者になって、泥まみれで泣いている球児の顔、それを見て泣き出すチアリーダーの女の子たち。

一瞬の出来事でした。目も、耳も、心もテレビに奪われてしまいました。

テレビの向こう側では若い子たちが、100％の力をぶつけ合って、周りの目とか気にせずに、精一杯戦い、勝ち、敗れ、涙している。

テレビの向こう側には、「今」をこんなにも精一杯生きている人がいるのに、

テレビのこちら側では、少し丸く出たお腹と、片手にビール。自分は、何をやっているんだろう？　これが僕が本当にやりたいことで、本当に今を100％生きていると言えるんだろうか？　そう考えたら、落ち込んできてしまいました。

今のままではだめだ、何か行動を起こさないとだめだ。そう思うと、涙がこぼれてきました。

問いかけ

㉓ 鏡の前に映る自分の顔をよく観察してみましょう。輝いていますか？　顔だけでなく、できる方は、全身の裸も鏡に映して観察してみましょう。

㉔「私は何をやってるんだろう？」と、ふとした瞬間に思うことはないですか？　そのとき、どんなことを考えているか、どんなメッセージが頭に降ってきているかを書き出してみましょう。

——目の前のはしごを登り続けるの？

入社3年目、今までがむしゃらになって、社会や上司、周囲の要求に応えるよう適応し走ってきたけど、「輝く甲子園球児」と、「不甲斐ない自分」を比較してしまったことで、現実を見る目の角度が変わってきてしまいました。

今までは、近視眼的に「目の前にぶら下げられた人参を追いかける馬」のような状態で、ただ目の前のことを何も考えずにがむしゃらに走っていたけど、「甲子園球児」というきっかけによって、打ち上げられたホームランボールのように、僕の視野はグーンと上に上がって、上空から、僕が馬となって、一心不乱に走っている様子を客観的に眺めることになってしまいました。

その時に気になったのは、「**あれ、この先に何があるんだろう？**」でした。

冒頭の「はじめに」でも述べさせてもらった通り、「目の前のはしごを登った先に何があるのか？」というのが気になったんです。僕の頭の中の想像の話ですが、登っているはしごを見上げてみると、僕の上にも、たくさんの人が登っていました。団子状に、群がるようにたくさんの人たちが上を見て登っていました。

吐き気が出るくらい、ゾーッとするような光景でした。

その時、僕がやったのは、**「好意を抱いている」「気になっている」「やり手だと感じている」そんな上司や先輩方の位置を、はしごの上にマークすることでした。**

当時僕は25歳、平社員でした。26歳の先輩、27歳の先輩や30歳の主任、33歳の係長、37歳の課長などをピックアップして、自分の1年後、2年後、5年後などを想像してみました。

「果たして僕は彼らのようになりたいのだろうか？」仕事のスキル、家族との関係、経済状況、プライベートなど、様々な角度から考えて、自分の未来と重ね合わせました。

もちろん、人間的に、もしくは仕事面において、「憧れ」「尊敬」「教えてもらいたい」「学びたい」といった感情もたくさんありましたが、**「この人の人生が理想だ」「まさにこの人のような人生を送りたい」という人は、1人もいなかったんです。**

それに気づいた時に、何か今まで大事にしていたものが、静かに崩れていきました。

「そうか、このまま、前に行く先輩たちの後をついていっても、僕の理想の人生はやってこないんだ。5年後も10年後も、仕事終わりや休みの日に、テレビを見ながらビールを飲んで、そこに映し出されているスポーツ選手の輝いた表情を見て「僕の人生は彼とは違うんだ」って言い聞かせなければいけないんだ。『**自分はヒーローではなくて、ヒーローは自分の外にいるんだ**』**って認めなければいけないんだ**」という風に気づいたんですね。

そして、それが嫌なら、今の状態を変えるしかないんだ、ということも。ここから、少しずつ僕の人生は、「他人のレール」から外れて行くようになります。

問いかけ

㉕　あなたが登っているはしごを先に登っている人を、何人かピックアップして、彼らのような人生を送りたいかどうか、冷静に考えてみましょう。

クエスト：未来予想図

今のあなたの現在の状況（A地点）、2章のクエストで考えてもらった夢（B地点）を比べてみましょう。あなたが登っているはしごの方向性は、A地点からB地点に向かっているでしょうか？

B地点にたどり着く期日を仮に設定した上で、今登っているはしごを登り続けたら、その期日にどのあたりにたどり着いているかを想像してみましょう。もしかして反対方向に進んでいる、ということはないですか？

第 2 部

レールのない世界

4章　世界の反対側　アフリカへ

——友人の一言で、アフリカ行きを決めました。

学生時代の友人に久しぶりに会って、新橋の居酒屋で2人で飲みました。焼き鳥をつまんで、お酒を飲みながら、僕は、現状の仕事に対する不満や、甲子園を見て感じたことなどを彼にぶちまけていました。

長い愚痴を聞いて、彼が言ったのは、「Ｍａｏはアフリカにでも行ってきたら？」でした。

その一言を聞いて、僕の中にある「本当の僕の心」が動きました。「面白そう」って思ってしまったんです。そのまま飲んでいた勢いで、会社の取締役に電話をしてしまいました。

「アフリカに行きたいと思ってしまったんですが、試験を受けてもいいでしょうか？」

「いいじゃん、アフリカ面白そう」

相手もおそらく酔っ払っていたと思います。

「もし受験をして、合格したら、２年間アフリカに行くことになるんですが、会社を辞めてもいいでしょうか？」

「受かったら、その時に考えればいいよ。アフリカいいね」

非常に軽いノリで、許諾をいただいてしまいました。

ちなみに、この取締役は、以前僕が面接の時に、「夢を語ったら怒られた話」をして、「君、いいね！」と言ってくれた方で、入社後もお世話になっていました。

ということで、「青年海外協力隊」というプログラムを僕は受験することになりました。

以前の、就職活動の時と同様に、僕は「お見合い活動」だと思っていたので、今回の面接も正直に「友人と飲んでいて、アフリカに行きたいと思いました」という志望動機で、面接官にドン引きされながらも、なんとか（なぜか？？）合格の切符を手に入れることができました。

家に届いた合格通知には、派遣国の名前が書いてありました。「マラウイ共和国」という名前でした。大変失礼ながら、勉強不足の僕は、通知が来て初めて、マラウイという国が世の中に存在することを知りました。マラウイ共和国に2年間派遣されることが決まったのです。

先ほどの取締役に報告の電話を入れました。

「えー　受かっちゃったの！　落ちると思っていたからOKしたんだけど、困ったな、どうしようか。ゆっくり話そう」と言ってくれました。

突然のアフリカ行き、決断したのは、「本当の僕の心」が動いたという「直感」です。その「直感」を正当化するために、当時の僕が考えていたことは、こんなイメージでした。

暗い部屋の中で、天井から1本の糸がぶらさがり、その先に金属の球体がついています。振り子のような感じです。周りは真っ暗で、右に行けばいいのか、左に行けばいいのか、どうしていいのかわからないという状態でした。自分の進むべき道、やりたいことを見つけるためには、振り子は止まっているだけではダメで、いろんな方向に、自らを揺らすことによって、自分の道を探そうとしていました。しかし、日常生活の中で、小さく振り子を振るだけでは、その暗い部屋の出口が見つかりそうになく、それなら、どっちの方向でもいいから、できるだけ遠くに振り子を振ってみよう、と思ったんです。たとえアフリカ行きの道が、本来僕が進むべき道

と正反対にあったとしても、反対側に振ることによって、いつかその反動で、進むべき道を見つけるための推進力になるかもしれない、と信じました。

当時僕が10年日記に書いていた文章を抜粋すると、「**新しい家を建てるには、古い家を壊すことが必要。新しい人生の創造には、今の人生を一度破壊する必要がある。破壊の上に、創造はある**」でした。

振り子のようにぶら下がった金属の球体を、どこかに思いっきりぶつけて、一旦壊したいとすら思っていました。この感覚なんとなく分かりますか？

問いかけ

㉖ あなたの目の前のはしごを仮に破壊しようとしたら、どんな方法がありますか？　その方法を実際に取るかどうかは別として、いくつか方法を考えてみる価値はあると思います。

㉗ 「本当のあなたの心」が動いてしまうような、あなたにとってワクワクする人生ってどんな感じですか？　単語やキーワード、イメージでもいいので、思いつくものを書き

出してみましょう。

――井の中の蛙は大海に出たら、幸せなのか？

突然決めたアフリカ行き。酔った勢いで取締役にも電話し、そのままの流れで受験し、合格。世界最貧国の一つと言われている、アフリカのマラウイ共和国へ2年間の赴任が決まりました。当時の統計では、平均年収3万円という国です。日本の平均年収は１００倍以上あります。日本で1年働けば、マラウイでは１００年分以上ということです。まったく想像のできない世界です。

今までは、目の前のはしごをただ黙々と登っていただけなのに、突然、鳥に背中を掴まれて、空高く飛んだような、そんな感覚でした。**「アフリカ行き」という選択を取るまで、僕の人生に、こんなカード（選択肢）があることに気づいていませんでした。**

会社では僕の噂が飛び交っていました。当然のように、人事部の偉い人から呼び出しがあります。「突然、会社を辞めてアフリカ行きとは、何を考えているんだ」と怒られました。行くのは半年以上先の話なので、突然のつもりは全くなかったのですが、そんなことを言っても火に油を注ぐだけなので、迷惑をかけていることを素直に謝りました。

「海外に出たいだけなら、待遇の良い駐在員を特別に用意してもいいよ」と甘い譲歩案が会社から提示されました。正直、決意がグラつきました。海外の経験も積めるし、給料もいい、その後の人生プランも安泰。そんな甘い話でした。

でもここでグラついたら、ダメだと、ぐっと堪えました。ここでグラついてしまっては、単なる「お騒がせ者」になってしまいます。わがままを言って、周りをかき回して、甘い言葉でおさまる人には、なりたくありませんでした。

だから、声を震わせながら、「お言葉は嬉しいですが、お断りします」と言いました。僕の決意の固さを知ったのか、笑顔で「応援するよ」と言ってくれました。

上層部の人たちとの合意は取れたものの、職場は騒然、上司、先輩から多数の反対意見や、お叱りの言葉を頂戴しました。「アフリカに行って何をするんだ！」「出世街道が台無しだぞ」「井戸掘って楽しいの？」「耳にピアス開けて、首が長くなって帰ってくるの？」「死ぬんじゃないの？」「ジャンボ！！」様々なお言葉を頂戴しました。「出る杭は打たれる」という状態でした。

先ほどと同様、ここでグラついたらダメだと思っていたので、職場では、負けないよう気を張っていました。**人と違う行動をしたら、反論は必ず出るんです。その反論に負けたら、人と違う行動はできずに終わってしまうんです。**

あなたも、「ここぞ！」という時は、踏ん張ってください。

職場では強がっていましたが、内心はすごく不安でした。気分は「井の中の蛙、大海を知らず」の「蛙」の気分でした。大海に出て、踏み潰されてしまうくらいなら、外の世界なんて知らなくたって、井戸の中にいる方が幸せなんじゃないかと思いました。

「突然、夜にヤリをもった部族が襲ってくるから、窓際に寝ないように」というようなお話も派遣前研修で教わり、夜襲われても逃げられるように、レーシックの手術を受けました。虫歯になったら、麻酔もなく草で抜くしかないと脅され、歯医者に行って、事前に奥歯を1本抜きました。完全にビビっていました。**でも、周りから「アフリカなんかに行って、大丈夫なの？」と言われても「大丈夫」と言いつづけました。ここで「不安です」と言ってしまうと、全てが崩れてしまうような気がしていました。**

問いかけ

㉘ あなたの目の前のはしごを破壊しようとしたり、井戸の中を飛び出ようとしたりしたら、周りから反対意見が必ず出ます。3個の反対意見を想像してみましょう。

㉙ その3個の反対意見に対して、それぞれ3個、計9個の反論を考えてみましょう。ここで反論できないと、出る杭は打たれ、元の状態に戻ってしまうかもしれません。

――「私は恵まれていない」アフリカの人たちの前で言えますか？

どんなに怖いと思っていても、「Xデー」というのはやってくるものです。

僕もついにアフリカへ飛び立つ日がやってきました。日本に無事帰ってこれるかもわからなかったので、段ボール箱1つ以外は、すべて処分し飛び立ちました。特殊な緑色のパスポートを持って飛行機に乗り込み、香港を経由して、南アフリカ共和国で1泊し、そこから、さらに飛行機に乗って、マラウイの首都リロングェに到着しました。

そして、僕の任地はそこから乗合バスで数時間南下したンチェウ県というところにありました。

住んでいる場所は、無数のヤモリやネズミが同居人の平屋で、電気は不定期、停電すると数日電気が通らず、ロウソクの生活が続くようなところでした。水道は、外に４家族共同の蛇口があって、ひねると茶色い水が出ました。お風呂は、外で裸になって、現地の子どもたちと一緒にバケツで水浴びをしていました。（途中から、隣人と一緒に手作業で家の中に水道を通すことに成功しました。出る水は、より茶色い泥水でした。）言語は、チェワ語という民族の言葉と英語をミックスにして使うような生活でした。

僕の任地におけるミッションは、ンチェウ県における青少年の育成でした。ンチェウ県庁の青少年課というところが配属先です。青少年課といっても名ばかりで、そこには朝からお酒を飲んでいて、ほとんどオフィスに来ない課長が１人、他にスタッフは０名。毎朝僕がオフィスに行っても、そこには誰もいなくて、仕事も何一つなく、しばらくはオフィスに座って、毎日ぼーっとする日々を過ごしました。毎日仕事がなく、家に帰ってからも、娯楽もなく、電気がない日は、ろうそくの灯りのもと、ゴザの上に座って、眠れない日々を過ごしました。

「僕は何をしているんだろう？」「なんでアフリカにきてしまったんだろう？」と悩む日々が続きました。

やってもやっても終わらない仕事、少しのミスでも目くじらを立てる先輩や上司、そういったものが、恵まれていた環境だったんだ、と思うようになりました。**少なくとも、「仕事が全くないより、仕事がありすぎる方が幸せだったんだ」と思いました。**

「この仕事をやりなさい」と用意されているものはなく、オフィスに行かなくても誰も気づかない、誰も僕のことを必要としていない、という状態は、想像以上につらいものでした。

オフィスにいても、しょうがないので、僕はHondaのオフロードバイクに乗って、ンチェウ県に点在する村を訪れることにしました。当然ですが、地図や標識はなく、道がないところを走り、砂地でタイヤが取られ、何度も転倒したり、濁流にかけられた１本の丸太（橋）を命がけでバイクで駆け抜けたりしました。目指している先に本当に村があるのかもわからない中、走りました。

電気のない真っ暗闇の大地で、迷子になりながら、バイクがパンクして、「今日は死ぬかも」と思った日もありました。

「肌の色が違う人がいる」というのは神話だと思っていた奥地の村にも訪れ、鳥の丸焼きと、Ｍａｏ踊りで歓迎されたこともありました。僕が、チェワ語でスピーチをした時、村人から、地響きのような歓声があがりました。少しずつではありますが、現地の方々と触れ合い、仲良くなり、何かできることはないかと探しました。マラリア蚊対策で使い古した蚊帳を再利用してバレーボールのコートを整備して、スポーツ普及をしたり、仕事のない若者に、職業訓練を行ったり、栄養改善のために、スーパーフードと言われているモリンガの普及や、畑で育つネリカ米の普及などを行ったりしました。

僕自身、自分で仕事が創れる喜びを噛み締めながら、現地の人たちの笑顔に繋がるような活動が少しずつ広がっていきました。

とある休みの日、普段頑張っている自分へのご褒美にと思って、僕は、クッキー１箱を買ってきて、紅茶を入れ、家の前にゴザを敷いて、読書をすることにしました。そうしたら、どこからともなく子どもがやってきて、「クッキーちょうだい」と言います。僕は彼に、クッキーを１枚渡しました。そうしたら、その子は嬉しそうな顔をして走り去り、兄弟を呼んできました。そして、その１枚のクッキーを５人くらいの子どもたちで分けて食べていました。

僕はその瞬間に「何をやってるんだろう」とまた思ってしまいました。日本からやってきて、１人でクッキー１箱を食べようとしている自分、目の前にはクッキー１枚を５人くらいで分けあって、食べている子どもたち。自分の傲慢さが嫌になり、結局クッキー１箱をみんなで分けて食べることにしました。

僕が2年間で交流したマラウイの人たちは、おそらく数百人くらいだと思います。彼らはみんな笑顔が素敵で、優しくて、僕は助けるつもりで行ったのに、むしろ助けられていることの方が多かったと思います。

破れて泥だらけの洋服を着ていたり、裸足で釘を踏んだり、十分に教育を受けていないので、文字が書けなかったり、お店でお金のやり取りをしていても、計算ができなかったり、病気になっても、ちゃんとした手当を受けられなかったり、雨が降らないと食べ物が育たなかったり、日本とは違う環境です。でも彼らは、いつも素敵な笑顔で、よそ者のはずの僕を温かく迎え入れて、手を差し伸べてくれました。

日本の人たちは、よくこういうことを言います。「私は恵まれていない」「子どもの頃、十分に勉強させてもらえなかった」「私には才能がない」「私は頭が悪い」「私にできることなんてない」「親が悪い」「社会が悪い」「環境が悪い」……。

「本当にそうでしょうか？」

僕は違うと思います。この本を手にすることができているということは、今日明日食べるご飯に困っていたり、雨風しのげる場所がなくて困っていたりするわけではなく、小綺麗な洋服を着て、しっかりと勉強する機会を与えられたので、日本語を読むことができていると思うんです。この時点で、あなたはすごくすごく恵まれていると思います。そういう生活を送りたい、そういう知識をつけたいと思っていても、できていない人たちが世の中にはいっぱいいます。それなのに、**すでに手に入れているものに目を向けず、足りないものに焦点を当てて、不満や愚痴を言って、誰か人のせいにするのはそろそろ終わりにしませんか？　僕たちができることっていっぱいあると思います。**

問いかけ

㉚ あなたは間違いなく恵まれています。「自分がどんなところに恵まれているか？」を考えてみましょう。

㉛ 周りの人、世界の人に、ほんの少しでもいいので、力になれるようなことはないか、笑顔に繋がるようなことはないか、というのを考えてみましょう。

——姉から届いた手紙とコネクティングドッツ

アフリカ赴任中に姉から一通の手紙が届きました。そこには、こんなことが書いてありました。

私はあなたの活動を応援している
人生は「経験」と「想像力」でできている
素敵な経験をしているあなたがうらやましい

だんだんと現地での活動に慣れてきたとはいえ、異なる環境、価値観、言語にストレスを抱えていた僕へ、姉からの手紙は大きな勇気を与えてくれました。今僕が行っている経験は、誰もができることではなく、この経験がいつか僕の人生に新しい光をもたらしてくれるんだと考えることができるようになりました。

少し話が変わりますが、スティーブ・ジョブズさんの「伝説のスピーチ」というのをご存知ですか？　２００５年、スタンフォード大学の卒業式の演説で以下のようなお話をされました。

you can' t connect the dots looking forward;
you can only connect them looking backwards.
So you have to trust that the dots will somehow connect in your future.

「コネクティングドッツ」（点と点をつなぐ）という考え方です。以前、ジョブズさんが学生の頃、「カリグラフィー」の授業にモグリで参加していました。その時点では、この授業が、将来どのように役立つかは彼にはわかっていませんでした。その後、彼がパソコンを開発していく中で、モニターの中に浮かび上がる「字体の美しさ」の重要性について考え、そこで、彼の頭の中に浮かび上がってきたのが、10年前受けていた「カリグラフィー」の授業だったのです。

この時の感覚を、彼は「コネクティングドッツ」と表現しています。こうして、世界中のパソコンに「フォント」という概念が生まれました。

あらかじめ「フォント」という概念を生み出すためにカリグラフィーを学んでいたのではなく、過去にカリグラフィーという経験をしていて、パソコンという点と点が結びついて、「フォント」ができ上がったのです。**点と点が結びつくことが事前に**

わかっていたのではなく、過去の経験を振り返って、点と点をつなぎ合わせることで新しいものが生まれた、ということです。

どうでしょう。この話、「姉の手紙」と似ていると思いませんか？

「**人生は経験と想像力でできている**」

まさにその通りだなぁと思います。僕も、アフリカでの2年間という経験があったからこそ、その後、点と点を結びつけ、「起業」という道に進んで行くわけです。（後述していきますので、お楽しみに）ただ、当時はまだ気づいていませんでした。

電気のないアフリカの夜は、本当に真っ暗です。広大な大地に寝っ転がって、満天の星空を見上げていました。

綺麗な星空でした。この星空を見るためだけに、「2年間」という時間を投げ出してもよかったんじゃないかと思えるほどの綺麗さでした。昔の人たちは、こういう星空をいつも見ていたんだと思います。そして、星空を見上げて、点と点をつないで、星座を作り上げていったんですね。星座が1つひとつでき上がり、それぞれの物語が生まれてきます。僕たちの人生も似たようなものなのかもしれません。**まずは、1つひとつの星、1つひとつの点を増やしていけるように、経験をしていきませんか？**　家にこもっていないで、同じ場所にとどまっていないで、新しい挑戦をしてみませんか？　その挑戦が何の役に立つかなんて、今はわからなくたっていいんです。新しい挑戦は、確実に僕たち自身の夜空に、1つの星として輝きはじめます。それが、その時に、成功か失敗か、なんて関係ないんです。大事なのは、まずはあなたの夜空に星を輝かせることです。その上で、たまに時間をとって、夜空を見上げてみて、人生を振り返ってみて、星と星をつなげる、掛け合わせる、組み合わせる、みたいなことを妄想すると、思いもよらないアイディアが生まれてくるものです。そんなアイディアが、あなたの人生を豊かに楽しくしてくれて、周りの人たちも笑顔にできるんだと思います。

だから、恐れてないで、まずは飛び出して欲しいなぁと思うんです。多くの人が「頭でっかち」になりすぎだと思います。何かをやる時に、メリットとデメリットを比べたり、論理的に必要かどうか考えたり、そんな小難しいことは一旦置いておきましょう。まずは「面白そう」と「本当のあなたの心」が反応したら、直感で飛び込んでみたらいいと思います。**その貴重な経験をどう生かすかは、未来のあなたが考えればいいことです。**さぁ、一歩踏み出してみましょう。

問いかけ

㉜ あなた自身の夜空を見上げてみましょう。今までどんな経験をしてきましたか。1つひとつの星を書き出してみましょう。

㉝ いくつかの星を組み合わせてみて、面白い星座が生み出せないか、想像してみましょう。アイディアは組み合わせでできているんです。星が少ないと感じたら、新しい挑戦をしてみましょう。「私は●●歳だから、もう遅い」だなんて、陳腐な言い訳しないでくださいね。間違いなく、今日があなたにとって一番若い日です。

クエスト：トランプゲーム

こんなことを想像してみましょう。

今あなたの手元にあるカードは数枚です。でも本当はトランプは54枚あるんです。

会社員だった僕は、「今の会社で頑張る」「今の会社をサボる」「別の会社に転職する」の3枚くらいしかカードを持っていませんでした。でも、突然「アフリカ行き」のカードを手にしたわけです。

何が言いたいかというと、人生ってそれくらい広い選択肢があるんです。今手元に数枚しかない、どれを選んでもつまらない、と思うのであれば、他の選択肢を探してみませんか。残りの約50枚にはどんなことが書かれているか妄想してみませんか？

考えるだけなら自由です。お金もかかりません。リスクもありません。さて、あなたは残りの50枚の白紙のトランプのうち、何枚に選択肢を描くことができますか？　一番簡単にやる方法は、心の許せる友人と、お気に入りの飲み物でも飲みながら、付箋や単語カードなどに、交互に書きあって、見せ合うゲームをすることです。相手のいいカードはどんどん真似しちゃいましょう。

日本を出て、
海外に
移り住む！

5章　日本社会に逆戻り

――なんでもある国、でも何かが足りない

もう少しアフリカでの珍体験話をしたかったのですが、機会があれば、それは別の本に譲るとして、2年間の活動期間を終え、日本社会に戻る日がやってきました。現地の方々とお別れの挨拶をして、「黒いお面」と「弓矢」を記念品としていただきました。黒いお面は20kgほどの重量があったので、船便で送りました。数ヶ月して日本に届いた時には、黒いお面が、何かの菌で真っ白なお面になっていました。弓矢はバックパックにさして持って帰ろうとしたら、乗り継ぎの香港空港で検査に引っかかってしまい、「武器所持」で捕まりかけました。そんな感じで、2年ぶりに日本に帰ってくることとなりました。

久しぶりの日本、最初の印象は「眩しい」でした。照明が明るすぎて、コンビニに入ったら、目がズキズキ痛くなりました。蛇口をひねれば、透明な水が出る、温かいお湯のお

風呂に入ることができる、まさに夢のような場所でした。2年間で日焼けしていたと思っていた僕の肌は、日本に帰ってお風呂に入るとすっかりと白く戻ってしまいました。日焼けではなく、単なる汚れだったのです。毎日バケツで水浴びするだけでは汚れは取れていなかったんです。

僕は、新卒で入社した会社に改めて挨拶に行き、すぐに社会復帰となりました。アフリカから帰ってきて1週間も経たない間に社会復帰です。荷物はダンボール1箱以外は捨てていましたので、洋服は全て買い直し、自分で刈っていた髪の毛も久しぶりに美容院で整え、日本社会に戻ることとなりました。会社の出社時刻に間に合うよう、身支度を整え、自動改札を通り抜け、時間通りやってくる電車に驚きながら、車内に乗り込みます。

その時、この後の人生を変えてしまうような光景が目に飛び込んできます。

それは、満員電車に乗っている大人たちの、疲れ切った暗い顔でした。「ため息」「イライラ」「焦り」「疲れ」ネガティブな感情が満員電車の中には詰まっていました。以前も、数年にわたって、満員電車に乗って通勤してきたはずなのに、2年ぶりにその光景を見た瞬間、僕は、凍りついてしまいました。その時、僕が思ったのは「なんでだろうか？」という疑問です。

「なんで、先進国で豊かな国と言われている日本の大人たちは、こんなにも暗い顔をして、会社に通っているんだろうか？」

「なんで、途上国で貧しいと言われているマラウイの大人たちは、いつも輝いた笑顔で、生活をしていたのに、僕たち日本人は、こんなにも暗い顔をして生活をしているんだろうか？」

　蛇口をひねれば透明な水が出る、スイッチを押せば当たり前に電気がつく、穴のあいていない綺麗な洋服を着ていて、お腹をすかせて道を歩いている人もほとんどいない、そんな幸せな社会なのに、なんでこんなに暗い顔をしているのだろうか。これが、後々の僕の活動の原点となる「きっかけ」となります。

　でも、この頃は、まだそんなことに気づいていません。あとで振り返った時に点と点がつながるんです。コネクティングドッツですね。

　僕が住んでいた東京の電車の状態は、本当に異常だなぁと思います。人と人が目を合わせることはほどんどなく、子どもを抱っこしていても席を譲ってくれる人なんてほとんどいません。（その後、僕は家族で香港に住むのですが、香港では、子どもを抱っこして電車に乗った瞬間に、数人に声をかけられて、席を譲ってくれます）。

　日本は物質的には、何でもある社会だと思います。僕は今まで30カ国以上を渡り歩いてきましたが、他の国と比べても、低価格で、品質の高いサービスや商品を受けることができると思います。でも東京に住んでいる時に感じたのは、「何でもあるのに、何かが足りない」です。**みんな1人の世界に入り込んでいて、そして、1人の世界で、いっぱいいっぱいなんです。**「私の方が疲れているんだ。席なんか譲れないよ」というような感じです。なんだかすごくすごく寂しかったんです。**貧しかったけど、クッキー1枚を5人くらいで分ける優しい社会。人間って、「足りない」状態の方が優しくなれるんでしょうか。**そんなことをグルグルと考えながら、満員電車に乗って、通勤していました。

問いかけ

㉞ 日本で生まれたり、日本で住んだりして、幸せ、恵まれている、と感じることを書き出してみましょう。

㉟ 反対に、今の日本に足りないと感じるところはどこでしょうか？

㊱ 少なからず日本社会から影響を受けているあなたが、ご自身のことを足りないと感じるところはどこでしょうか？

——母の大病　私の人生楽しまなくちゃ！

久しぶりの日本、久しぶりの東京、満員電車で衝撃を受け、会社に行っても衝撃を受けました。なんというか、余裕がないんです。少しのミスがあれば、目くじらをたてる人がいて、うまくいかなくて、イライラしている人がいて、ギスギスしていたんです。この環境はすごく辛いなぁと思いました。

とはいっても、会社に行かないわけにはいかなかったんです。なぜかというと、収入を手に入れる必要があったからです。社会的信用、立ち位置、みたいなものも気にしていました。

あなたもそういう風に思ったことはないですか？　ちなみに当時の僕は、アフリカで出会った日本人女性と結婚をしようと思っていたこともあり、まずは「日本社会に適応しなければ」と必死に思っていました。毎日満員電車に乗って、必死に働きました。夜中まで働きました。そして数ヶ月して気づいたら、今度は僕が、暗い顔をして満員電車に乗る、そんな大人になってしまっていたのです。恐ろしいことです。「ため息」や「イライラ」「疲れ」などの感情を抱えながら、僕が満員電車に乗っているんです。数ヶ月前は、３時間遅刻してくるアフリカの人たちを当たり前だと思っていたのに、数分電車が遅れただけで、イライラしている自分がいるんです。

人間というのは、良くも悪くも、環境に適応する生き物なんです。2年間のアフリカ生活なんて、まるで夢物語だったかのように、僕の記憶から、すっかりかき消され、膨大な仕事、膨大な情報が、僕の頭の中を占領していました。

時を同じくして、母が大病にかかり、都内の大きな病院で手術が行われることとなりました。会社に復帰したばかりで、仕事のペースもうまくつかめていない中で、ほとんどお見舞いに行く時間も取れずにいました。申し訳ないことをしたと思っています。

手術は無事に成功しました。そして回復した母は、「**私の人生は一度きり、一度きりの私の人生を楽しまなくちゃ**」と、清々しい表情で話していました。今まではいろんなことを気にして、ストレスを溜めながら生きてきてしまったと後悔し、これからの残りの人生は、自分の人生を謳歌したい、というようなメッセージでした。

母が自分自身に言い聞かせるように話した一言、実はその言葉が、僕の心にまっすぐ響きました。「果たして僕は一度きりの人生を楽しんでいるんだろうか」って思ったんです。

2年間アフリカで貴重な経験をして、でも2年したら普通に日本社会に戻って、他の人と同じように、アフリカに行く前と同じように、満員電車に乗って、会社でがむしゃらに働いて、いや、むしろ2年分のブランクがあるせいで、周りに迷惑をかけ、後輩には舐められ、劣等生というラベルを貼られ、「果たして僕は一度きりの人生を楽しんでいるんだろうか」って思ったんです。

振り子を振った意味が本当にあったのだろうか？　少なくとも、僕がアフリカに行った経験を、僕が戻った日本社会では評価されることはなく、むしろ２年分のトレンドや記憶などがすっぽり抜けている僕のことを話し相手にもならないという感じで、雑務だけが振られる日々。２年間という長い夏休みを楽しんでしまった受験生のような状態でした。

母の言葉が自分の中で何度も響き渡ります。「一度きりの私の人生を楽しまなくちゃ」アフリカに行く前に考えていた「甲子園球児と比較した自分」、あの不甲斐ない自分、何とか変わりたい、抜けだしたいと思ってもがいた自分、周りに迷惑や心配をかけて、アフリカに行って、数年経って日本社会に戻ってきたら、結局、「何も変わっていないんじゃないか」と思ったら涙が出てきました。

問いかけ

㊲ シンプルに質問します。

「あなたは一度きりのあなたの人生を楽しんでいますか？」

——会社から逃亡　そして引きこもり

ある日、会社で取引先と打ち合わせをしていました。

その打ち合わせ中に、僕の中で何かが音を立てて崩れ落ちていくのが聞こえました。

その打ち合わせが終わり、僕は急いでフロアに戻り、カバンを持って、誰にも何も言わずに非常階段を駆け下りて、逃げるように会社をさりました。心臓が変な音を立てて動き、喉はカラカラに乾いていました。家に帰ってきて、上司に一言メールを入れました。

「突然、申し訳ありません、もう会社には行けません」

その夜、上司から電話がかかってきました。状況を説明し、とりあえず無期限で会社を休むことになりました。外で、静かに空き缶が転がる、寂しげな12月のことでした。どうすることもできず、布団にもぐっていました。

いわゆる引きこもり生活のスタートです。やることのない日々が始まりました。やることはないのですが、焦り、恐怖、自信のなさ、不甲斐なさ、そんな感情で押しつぶされそうでした。結婚を目前に控え、アフリカで出会った彼女とも同棲をしていたので、「なんとかして、働かなければ」「なんとかしてお金を稼ぐ方法を見つけなければ」と思っていました。

部屋に引きこもっていても、気持ちが暗くなるだけなので、図書館に行って、本を読み漁って、感じたことをひたすらノートに書いていました。同時に図書館や区役所に貼られている求人を探しては、なかなか自分に合いそうな仕事はないなぁと、帽子を深く被りなおし、家との往復を繰り返していました。

今の職場も嫌だけど、やりたい仕事も見つからない、なんとも「ふがいない大人」に育ってしまったと落ち込んでいました。

今振り返ると、すごくもがいていました。だって、ここでもがかないと、このまま僕の人生は、毎日満員電車に乗って家と会社を往復し、ほとんどの時間を会社で過ごし、家族を持って、子どもが生まれても、家族と過ごす時間はほとんど持てず、疲れ、イライラ、我慢、などを抱えながら生きていくことになるんだ、と思っていたからです。自分のことを隠せなかったし、騙せなかったんです。

以前アフリカに行く時に応援してくれた取締役から電話がありました。「会社に行かなくていいから、俺と飲みに行こう」と言われました。思っていること、感じていることを正直に話しました。このまま「はしご」を登ることに対して感じている恐怖、でも自分が登りたいと思っている「はしご」が見つかっていない、自分の情けなさ、焦り。どうしたらいいかわからず、今の僕ができることは、目の前の「はしご」を登ることをＳＴＯＰすることしかなかった、と話しました。

当時29歳です。僕の話を一生懸命聞いてくれて、そして、「期待している」「君には向いている」「君はすごい」というような自信を回復させてもらうような言葉を多数かけてもらいました。直属の上司と３人で食事をする機会も作ってくれて、腹を割ってお話をさせていただきました。直属の上司からは、「会社が嫌になって辞めるのは許さない。お前がやりたいことが見つかって、辞めるなら応援する。でも嫌になって辞めたら、次もきっと嫌になって辞める」と言われ、僕自身、その言葉に納得したので、会社に戻る決意をしました。

２人の応援者が暖かく背中を押してくれたおかげで、正月明けから、職場に復帰することになりました。短いといえば、短いですが、１ヶ月ほどの休職でした。この１ヶ月間、僕は本を読み続け、ノートに文字を記し続けました。ノートに書く習慣は、大学卒業時に教授に言われた10年日記から少しずつ始まり、アフリカに行く前くらいから習慣化し、この時までに、すでに数十冊というノートに僕の想いが書きこまれていました。

問いかけ

㊳ あなたも一度、今の人生をＳＴＯＰしてみませんか？　周りに大きな迷惑をかけない程度でいいと思います。会社員であれば、１日有休を取って、ひとりで森にでかけたり、温泉に行ってみたりするのはどうでしょうか？　主婦の方も、旦那さんに子どもの面倒を見てもらって、１日ゆっくりと見つめ直してみるのはどうでしょうか？　ノートとペンを持って、考えていること、感じていることをゆっくりと書いてみましょう。きっといろんなものが見えてくると思います。

――会社復帰　定期券が怖くて買えない

正月明けの仕事始めから、会社に復帰することとなりました。想像つくかどうかわかりませんが、引きこもりになった時よりも、復職する時の方が辛いんです。怖いんです。震えが止まらないんです。声が出ないのに、汗は止まらず出るんです。

なぜかというと、引きこもりであれば、誰とも関わらなくていいのですが、復職であれば、関わる人がいるからです。周りの人になんて思われるんだろう？　どんな風に笑われるんだろう？　どんな風に怒られるんだろう？　そう思ったら、会社を休む前の職場環境がどれほど幸せだったかと思うくらい、辛いんです。でも僕は会社に戻ると２人の上司に約束したので、ポケットサイズのノートをお守り代りにして、会社に戻りました。そのノートには「**一番怖いのは最初の３分だ**」と書いてありました。つまり最初の３分さえ乗り越えれば、そのあと恐怖はどんどん減って行くと思ったんです。

久しぶりの会社、普通に乗っていたエレベーターに乗るのでさえ、鼓動が早くなります。「どうか誰も乗らないで」と祈りながらも、こういう時に限って、誰か乗ってくるものです。脇にも手にも汗をかき、足はブルブル震えています。そして、最初のチームミーティング、直属の上司から、「何か一言、Maoから言いなさい」と言われます。
「ご迷惑をおかけしてすみませんでした。これから一生懸命頑張って働きます」という一行さえ、声が震えて、何を言っているのかわからなかったと思います。そんな情けない姿を見て、バカにする人がいます。後輩がわざとタメ語を使ってきたり、雑務を押しつけてきたりします。

すごく辛かったです。悔しかったです。でも、戻るって決めて、戻ってきたんだから、非常階段を駆け下りて、逃げるわけにはもういきません。お守り代わりのポケットサイズのノートをこっそり何度も見ました。**そこには、自分を鼓舞する、勇気づける、言葉がいっぱい書かれていました。**

１日目が終わり、ノートに書き込みました。「１日目よく頑張った。２日目は、まだ怖いと思うけど、１日目よりきっと怖くないよ」と書きました。そして「演じる」と書きました。とにかく「会社が楽しい」「仕事が楽しい」「元気で明るく働ける」「テキパキ働く」「ハキハキ応える」そんな自分を演じようと決めました。もちろん、ずーっと演じ続けられるわけはなく、辛い気持ちになれば、ポケットにノートを忍ばせてトイレに駆け込み、個室の中でノートを見て、自分の気持ちを保つようにしました。そして、家に帰ったら、また１日がんばって働けた自分を褒める言葉をノートに書きました。こうやって、自分自身で、自分を元気づけ、自信を保ち、乗り越えるようにしました。

お世話になっている取締役が、復帰する時に送ってくれた言葉があります。それは「人の噂も75日」でした。この言葉を胸に、あと●●日と数えながら、出勤しました。「75日経てば、Ｍａｏが会社を休んで引きこもっていたことなんて、みんな忘れてしまう」と励まされ、それを信じて、毎日会社に行きました。

会社に復帰できたので、僕は朝、最寄りの駅で、「６ヶ月定期券」を買おうとしました。ご存知かと思いますが、切符を毎回買うよりも、定期券の方が安いんです。そして、６ヶ月という長期の定期券は１ヶ月定期券よりも安いんです。そんなのご存知ですよね。もちろん僕も知っていました。だから、６ヶ月定期券を買おうとしたんです。

そんなに難しいことじゃないです。必要なお金を入れて、区間と期間を決めて、購入ボタンを押すだけです。何気なく買いに行ったのに、僕はその券売機の前で、指が震えて買えなかったんです。なんでかわかりますか？　**６ヶ月定期券を買うということは、今から６ヶ月間この生活を続けるということです。**６ヶ月間、満員電車に乗って、会社に行って、会社で元気に明るく働くことを演じて、そして家に帰って寝て、また翌日も会社に行く、そんな生活を６ヶ月間も続けるということです。定期券を自分で買うということは、自分自身で、向こう６ヶ月はこの生活を続けると決める、ということです。

この英断が（当時の僕に取っては英断です）怖くてできなかったんです。だから、切符で通勤しました。周りに見られたら恥ずかしいな、後輩に見られたら、またバカにされるなと思いながらも切符で通勤しました。

なんとか会社に復帰できて、表面上は働けるようになったものの、僕の心は落ち着いていませんでした。大学生の時に就職活動を「お見合い活動」だと思い、吟味して、働く場所を探し、巡り会えた場所だったので、今働いている会社は、すごくいい会社だということを知っていました。

夜中まで働くこともあるけど、ブラック企業ではないし、応援してくれる上の方々もいるし、仲のいい同期もいる、給料だって悪くない。だから、ほかの民間企業に転職してもダメなんだろうなぁと思っていました。今の会社の環境が素晴らしいことが、逆に僕の肩身を狭くしていました。

都会の満員電車に揺られ、朝から働き、夜中まで、時には朝まで働くという仕事のスタイルが僕には合っていない、と考え、職場に内緒で、公務員試験を受けました。車で通勤して、定時で帰れる、市役所職員のような場所を働き先として考えたんです。忙しい仕事の合間をぬって、筆記試験を必死に勉強し、とある役所の面接にたどり着きました。しかしながら、面接で、「雰囲気が明らかに違う」というのがお互いわかってしまいました。

「君みたいな人は、ここにはいないと思うよ」と言われ、その言葉の意味を自分も実感しました。**結局どこにも僕が探している職場はないんだなぁと思うようになりました。**

完全にレールを見失いました。さて、これから僕はどこにむかって進んで行けばいいのだろうか？　直属の上司が言った「会社が嫌になって辞めるのは許さない。お前がやりたいことが見つかって、辞めるなら応援する。でも嫌になって辞めたら、次もきっと嫌になって辞める」という言葉が肩に重くのしかかっていました。

人生というステージでは、結婚して、第一子出産という時期でした。時間は待ってくれません。**大人になり、親になり、自分だけのわがままを言っている場合でもなくなってきてしまったのです。どんどん未来の可能性が狭まって行く、そんな風に感じていました。**

問いかけ

㊴　今の仕事、今の生活が嫌で、そこから抜け出したいと思っていませんか？　では、そこから抜け出した先に何があるのでしょうか？　あなたが手に入れたいと思っていること、あなたがやりたいと思っていることを明確にしないままで、ただ「現状を抜け

出したい」と思っても、何かに追われる人生は続くような気がします。

クエスト：自信回復トレーニング

職場復帰した時の僕は、自信0でした。自己肯定感0、自己効力感0、何をやってもダメだと思っていました。でも、僕は自分自身の自信を回復するため、自信を整えるため、毎日ノートと向き合い、自信回復トレーニングを自らやっていました。

もしあなたが今、自分に自信を持てないと感じているのであれば、この自信回復トレーニングに取り組んでみませんか?

用意するのはノートとペンだけです。

毎日、今日できたこと、頑張ったこと、褒められたこと、小さなことでいいので、それを見つけてあげて、ノートに書き出してみてください。

そして、それを見て、「よく頑張った」「私はすごい」「昨日より成長している」という言葉を自分自身に贈ってください。「人の噂も75日」ではないですが、75日間これを続ければ、あなたの自信は飛躍的に高まることでしょう。

プレゼン、やっぱり怖かった。
でも、逃げずにできた。
よく頑張った!!

6章 優等生が心に疼く

——個人事業主のフリをして働いた結果

東京の大企業に勤め、29歳で可愛い奥さんと結婚、30歳で第一子出産、世の中から見ると、順風満帆のような状態でした。

でも心の中は、「**自分が本心で働きたい場所はここではない**」と思っていました。会社員として働くということは、人生の大半を会社で過ごす、ということ。人生の大半を会社で過ごすのに、本心では「働きたい場所はここではない」と思っている状態は、とても不健康です。しかも会社から雇われて、給料をもらっている身としては、すごく申し訳ないし、甘えている状態です。本心では「ここではない」と思いつつも、現時点では「ここ」を選んで働いているわけで、しかもそこから安定的な給料をいただいているわけで、その状態を自分の中で、１００%受け入れる考え方はないかと思案した結果、**僕が行き着いた答え**

は「個人事業主として会社で働く」ということでした。

もちろん雇用契約上は、会社員のままですが、僕の気持ちの中では「個人事業主」として、会社と個別契約をしているという認識で働くことにしました。僕が会社で成果を出し、会社に貢献をするから、個人事業主である僕に対価として報酬が支払われます。なので、成果を出さないと契約が破棄されるのは当たり前で、とにかく会社に対して貢献しようと思うことができます。

「雇用」ではなく「契約」と考えることで、「今後も一生働く」という考え方はなくなり、**現時点の最適解として、ここで働いている、という認識に変わりました。**前向きに働きつつも、自分自身の次のキャリアを同時に考えることができます。周りの人と比べて、自分の仕事量が多いんじゃないか、とか、そういう細かいことを気にする必要もなくなり、その時その時の自己ベストで働こうという気持ちになりました。自分は他の社員とは違う、個人事業主として契約されているんだと思うことで、今の業務を俯瞰で見ることができ、問題点や課題などが見つけられるようになりました。

そんな働き方を意識したら、与えられた業務だけではなく、積極的に新プロジェクトの立ち上げや改革案の推進などを当たり前に行うようになり、気づいたら出世していました。2年間アフリカに行って、休職をし、帰国後も1ヶ月間会社を休んで「引きこもり」をするような問題児が、同期入社したメンバーと比べても最速に近い形で出世してしまったんです。周りからは「不公平だ」「ズルい」と色々言われました。当然といえば当然です。
ただ、僕の中では原因がはっきりとわかっていました。それは、「スタンスの違い」です。会社員として、やらされ仕事を受け身でやっている状態から、個人事業主として、自分の足で立って、自ら働きかけ、提案するという主体的な働き方へと変わったことで、上層部から良い評価をいただいたのです。

面白い話です。**「会社に忠誠心を誓って依存して働く」という状態よりも「帰属意識をなくし、自立して働く」という状態の方が評価されたのです。**「人の噂も75日」という話も本当で、周りの僕に対する目がガラッと変わっていくのを感じました。自信もすっかり回復し、バリバリ働けるようになりました。優等生の仲間入りです。後輩からも、Ｍａｏさんみたいに活躍できる人になりたい、と言われるようになりました。

会社にいるときは、個人事業主として、会社で結果を出せるよう一生懸命働きました。その一方で、帰社後や休日は、別のことを考えていました。今後の働き方を考えていました。「どうやって自分の仕事、働き方を作っていくのか」というのを模索していたんです。すでに独立起業をして、楽しそうに仕事をしている人たちのメルマガやYouTubeを見て、勉強をしていました。とはいえ、この時点では「本気でそういう状態になる」というような未来図は描けておらず、どちらかというと興味本位、好奇心で見ているような状態でした。

問いかけ

㊵ あなたは今どんな立ち位置で働いていますか？　会社などの雇用先に依存していませんか？　自立して主体的に働くことを意識してみませんか？

——新天地、香港へ

日本の会社は、慣習として、遅くまで働き、仕事が終わったら、付き合い飲み会も多い、出世したとはいえ、やはり年功序列の考え方は、基本的には残っていて、はしごの上には、たくさんの人材がひしめき合っている、という窮屈な状態でした。「個人事業主」という考え方で会社で働いていた僕には、なにかと不都合が多かったので、「海外で働くこと」を選択しました。アフリカで2年間活動していた経験もあったので、海外に住むことにも、海外で働くことにも抵抗はほとんどありませんでした。**やはり経験というのは財産だと思い**

ます。

勤務地は香港、担当エリアは、アジア各国でした。毎月のように、飛行機に乗って、アジア各国を飛び回り、英語で商談をするという仕事を始めることになりました。香港は実力主義社会でした。同僚はどんどん転職し、地位や収入を上げていきます。上司であっても、実力がなければ言うことを聞かないし、３年も同じ職場、同じ役職で働いているのは、「能力がない証拠だ」という話も聞きました。（３年あれば、ヘッドハンティングされるか、引き抜かれないよう元の職場が役職を上げるか、どちらかだ、ということでした）日本社会の常識に慣れていた僕にはすごく新鮮でした。部下を数人引き連れ、タイなどに出張にいき、部下が取引先と商談をして、うまくいかなくなりそうになると「ボスなんとかしてくれ」という感じで僕の方を見て、僕が代わりに商談をする、というような仕事でした。もちろんここで、商談を成立できないと、上司としての実力を疑われることになります。だから、プレッシャーも大きかったですが、その分、交渉力、英語力は伸びていきました。

香港は物価が高く、特に家賃がとても高いです。当時の僕の感覚では、東京の３倍くらいのイメージです。東京の家賃が15万円であれば、香港の家賃は45万円くらいです。ちなみにアフリカに住んでいた時、僕の家賃は６千円くらいでした。実に75倍、約６年分です。日本では、家賃は収入の１／３を目安に考えましょう、みたいな話を聞いていたので、家賃相場が3倍ということは、家賃＝収入というような感じです。1ヶ月頑張って働いても、家賃を払ったら、お金は残らないというような社会です。

なので香港では、「共働き」が当たり前、ダブルワーク、トリプルワーク当たり前という社会でした。自分の実力を社会に示して、給料を交渉して、上げてもらったり、より良い条件の会社に転職したり、週末に別のビジネスをやったり、投資でお金を増やしたり、というのが当たり前の世の中で、彼らと食事をしていても、起業、ビジネス、投資の話がどんどん飛び交いました。そんな香港の人たちの考え方の影響を受け、僕も本格的にダブルワークの準備をはじめました。

アフリカにいる時も感じましたが、環境が僕たちに与える影響は、非常に大きいと思います。僕たちにとっての「当たり前」「常識」というのは、僕たちが今属している社会や環境によって形成されていきます。日本を出て、アフリカに住んだり、香港に住んだりすることで、**当たり前に正しいと思っていた考え方、常識が揺さぶられ、常に自分の中で答えを探すようになります。**

日本ではこうだったけど、アフリカでは違うし、香港ではさらに違う、みたいな状況が当然のように起きてくるわけです。そんな時、どの選択を取るか、どの答えを導き出すか、というのはいつだって、僕たち個人の判断です。

休日に、近くの海に行くと、そこは月の家賃が１００万円以上するような家が立ち並び、そこに住んでいる外国人たちが優雅に暮らしています。出張でベトナムに行くと、そこでは日本からやってきて起業している経営者などと出会い、話を聞いて刺激を受けます。世の中の選択肢というのは、とてつもなく広いんだなぁというのを肌で感じていました。

プール、ジム付きのマンションに住み、飛行機でアジア各国を飛び回り、英語で商談、収入も日本の頃よりも格段にいい。そんな他人から見たら羨むような状態でしたが、僕の心は疼いていました。果たして、優等生になりたかったんだろうか？　と。内なる僕がまた叫んでいます。

「このままではダメなんだ」と。

問いかけ

㊶
環境が与える影響は思った以上に大きいです。ここ5年を振り返ってみてください。もし5年前と比べても、同じ場所に住んでいる、同じような仕事をしている、同じような人と遊んでいる、一緒にいる、というような状態でしたら、そろそろ環境を変えてみませんか？　新たな経験が、新たな気づきにつながり、あなたの人生を豊かにしてくれます。

――「で、君は何がやりたいの？」

朝起きて、マンションに併設されているジムやプールに行って、一汗流し、朝食を食べて、英字新聞片手に、フェリーに10分ほど乗って通勤。遅くまで働いては無能だと思われるので、さっさと帰宅。毎月のようにアジア各国へ海外出張。夢のような生活でしたが、でも僕の心は疼いていたんです。

少し昔の話ですが、以前、会社の上司に聞かれて、答えられなかった質問があります。

それは、「**で、Maoは何がやりたいの？**」というストレートな質問です。旅館に泊まって、お酒を飲んで、お互い酔っ払いながら話をしていたのですが、突然上司が真面目な顔をして「で、君は何がやりたいの？」って聞いたんです。会社員として、売上をあげる、新しい企画を立案する、改善して、効率を上げる、というようなことは、よくわかった。そうではなくて、1人の人間として、Maoという1人の男として、君は何がやりたいの？　人生をかけて何がしたいの？　って聞かれたんです。

それまで饒舌に話をしていたのですが、魔法をかけられたかのように、僕の口から言葉が出なくなってしまいました。

「1人の人間として何をしたいのか？」シンプルでまっすぐな質問。

この質問に答えられる人が、今の日本の社会にどれほどいるのでしょうか？　あなたはどうですか？　この質問を突きつけられても、まっすぐに答えられますか？　親の前でも、子どもの前でも、上司の前でも、部下の前でも、多くの聴衆の前でも、同じ答えを答えることができますか？

僕はこのシンプルな質問に答えることができませんでした。

会社員として、こうするべき、こうしたいという案はありました。また、1人の人間として、今の会社に雇用されている状態から抜け出したい、という気持ちもありました。**でも、抜け出して「何がしたいのか？」という肝心な部分がぽっかりと空いていたんです。**

引きこもりになった頃は、会社から逃げていました。その後、会社や仕事、社会と向き合い始め、順調なように見えていましたが、結局、自分から逃げていたんです。「**何がやりたいのか？」という本来の自分自身と向き合うことを避けていたのです。**「今の不満」に焦点を当て、影を際立たせ、自分のことをひたすら追いかける影を非難することで、本体である自分に目を向けていなかったんです。

お恥ずかしい話です。数十冊と書き溜めていた過去のノートを振り返り、そんな昔話を思い出しながら、結局、同じ悩みでグルグルしているだけなんだなぁと、悲しくなりました。

香港に住んでいる日本人の先輩で、変わった経歴と、変わった性格の持ち主の方がいて、その人にある日、思い切って質問をしました。「なんで会社員やってるんですか？　独立しないんですか？」と、そうしたら、40代半ばの先輩は「昔は独立したいと思っていたけど、40過ぎた頃くらいから、別に無理して危険な道にいかなくても、会社にしがみついていた方が楽かなぁと思ってしまった」という答えが返ってきました。僕も数年後、先輩と同じような気持ちになって「新しいことに挑戦することに諦める日が来る」と簡単に予想することできました。だったら、**早く行動しないとダメだ。何がやりたいかわからないけど、このまま時間だけが経って、可能性が狭まっていくのは嫌だと思うようになりました。**「会社員を辞めようと思う」と、意を決して、妻に告白することにしました。でも、だからといって、何がしたいかというのはまだ定まっていませんでした。ただここまで踠いてきてわかったのは、決断しないと前に進まないということです。前に進むために、辞めようと思いました。

問いかけ

㊷　今回の質問は、もちろんこちらです。「で、君は何がやりたいの？」「一人の人間として何をしたいのか？」です。あなたの親、パートナー、子ども、上司、部下、たまたま隣に座った人、いろんな人からこの質問をされたことを想像してみてください。同じ答えを言えますか？

クエスト：本来のあなた

僕たちは、嫌なこと、不満を感じることにはとっても敏感だけど、反対に、好きなこと、やりたいこと、成し遂げたいことには、鈍感です。

本来のあなたは何がしたいんでしょうか？　これを明確にしていくためには、時間をとって、あなた自身と向き合う必要があります。

本来のあなたを見つけるための質問を10個ご用意しました。

ぜひ時間をとって書き出してみてください。

・お金があったら「やりたいこと」はなんですか？
・時間があったら「やりたいこと」はなんですか？
・今までで一番嬉しかった出来事はなんですか？　そしてそれはなぜですか？
・今までで一番辛かった出来事はなんですか？　そしてそれはなぜですか？
・あなたは周りの人に「どんな人」と思われたいですか？
・「あなたらしさ」とはなんですか？
・「あなたらしくない」とはなんですか？
・あなたの人生の目的はなんですか？
・「こうなったら死んでもいい」と思うことはなんですか？
・後世にあなたが一つだけ伝えられるとしたら、どんなメッセージを伝えますか？

第 3 部

自分のレールを作ろう

7章　自分の未来を描く

――妻に会社員を辞めたいと告白した結果

やりたいことも明確ではなかったけど、「会社員」という状態はやはり自分には適していないと感じ、妻に「会社を辞めようと思う」とドキドキしながら告白しました。怒られたらどうしよう、不安な気持ちにさせたらどうしよう、とかあれこれ考えてしまいましたが、意を決して告白しました。そうしたら、驚く反応が返ってきました。それは「安心した」という妻からの返事でした。

「安心した。私はこのまま普通の会社員の妻として一生終えるのではないかと思っていた」と言われたんです。これには驚きました。彼女の頭の中には、僕が起業して失敗する可能性なんて1ミリも存在していなかったようです。むしろ、なんで夫は「会社」という枠のなかで収まっているのかと心の中では心配していたようでした。

もっと「僕たちらしく生きる人生」がどこか別の場所にある、と考え、僕は1冊のピンク色のノートを用意しました。名づけて「**夫婦ノート**」です。ここに2人の夢や願望、やりたいことなどを書き合うことを妻に提案したんです。ノートの一番最初に、僕はこのように書きました。

「力を合わせてやりたいこと全部実現しよう。欲張ってＯＫ。叶えるために何をするか考えて行動しよう」そしてノートを全部で10章に分けて、以下のようにテーマを設定しました。

❶ 夢　こうなったら最高だ
❷ 心　考えている感じることが人生を創る
❸ 技　どんなスキルを身につける？
❹ 体　何と言っても体が一番
❺ 家　住環境のイメージを膨らませよう
❻ 人　家族　友人　仲間　動物
❼ 物　手に入れたいものはなんですか？
❽ 金　社会貢献、仕事
❾ 休　Hobby 旅　Relax
❿ 他　なんでも書いていいよ

このノートをリビングに置いて、何か思いついたことがあれば、そのノートにお互いがどんどんと書いていき、相手が書いた文章を読んで、「応援するよ」とか「もっとこうなったら面白そう」といったようなコメントを書いていったんです。これによって、僕たち2人の過ごしたい未来、やりたい夢というのがだんだんとイメージできるようになってきました。

そして、そのノートの中に、妻は「海沿いの暖かいところに住みたい」と書いていました。妻は知り合った当初から、「自然が豊かな海沿いの暖かいところでゆっくりと住みたい」というような話をしていましたが、東京で会社勤めをしていた僕は、当然のように、その話を流してしまっていました。

改めて、ノートに書かれた妻の希望を見て、「海沿いの暖かいところに住めるようになろう」と僕は決意しました。アフリカのボランティアが終わったら、東京に戻って会社員をやったように、このままいくと、いつかは香港の勤務を終えて、東京に戻って会社員になる。東京ではないとしても、会社の所在地で、自分たちの住むエリアが決められてしまう。そんな状態ではやはりダメなんだ、そんな状態では、妻の夢を叶えてあげることはできないんだと思いました。昔読んだ高橋歩さんのセリフが頭の中に蘇ります。

「自分の女さえ幸せにできない奴に、日本も地球も幸せにできない」（『Adventure Life ～愛する人と自由な人生を～』高橋　歩著）

まだやりたいことは決まっていない、でもひとつ僕たちの夢を叶えるための条件は決まりました。

それは「場所に縛られない人生にしたい」ということでした。海沿いの暖かいところに住みたいと思えば住めるし、海外に住みたいと思えば、住める、そんな自由を手に入れたいと思いました。

現在の僕のところには多くの起業相談、人生相談の話がやってきます。そんな中で、目立つのが、家庭を持っているのに、パートナーに内緒で、起業の準備をしようとしているケースです。会社が辛い、面白くない、だから自分が好きなことで起業したい、と願う気持ちはすごくよくわかります。でもだからといって、自分1人で完結して欲しくないなぁと思います。

世の中で一番の理解者はパートナーであってほしいと思います。パートナーに隠し事をしながら、準備してもなかなかうまくいかないと思います。仮に起業がうまく行ったとしても、その新しい仕事が余計に忙しくなって、今度は家庭がうまくいかない、という状態になる可能性が高いと思うんです。だから、パートナーとしっかり話し合って、お互いの理想の人生をどうやって応援しながら創っていくのか、というのを考えていった方がいいと思うんです。

でも、そんなの恥ずかしい、受け入れてもらえなかったらどうしよう、と思うかもしれませんね。正直に言って、僕も心の内を話すのがそんなに得意ではありません。だから「会社を辞めようと思う」という、たった一言がドキドキして、言えていなかったわけです。話すのが苦手だから、僕は「夫婦ノート」というのを用意して、自分の気持ちが素直に伝えられるようにしたんです。そして相手の気持ちを少しでも理解できるように工夫したんです。もしパートナーと話すのが苦手、話す時間がない、話すといつもケンカになってしまう、というような場合は、「夫婦ノート」を活用してみてください。面と向かって話すよりも、お互い素直な気持ちが伝えられるような気がします。

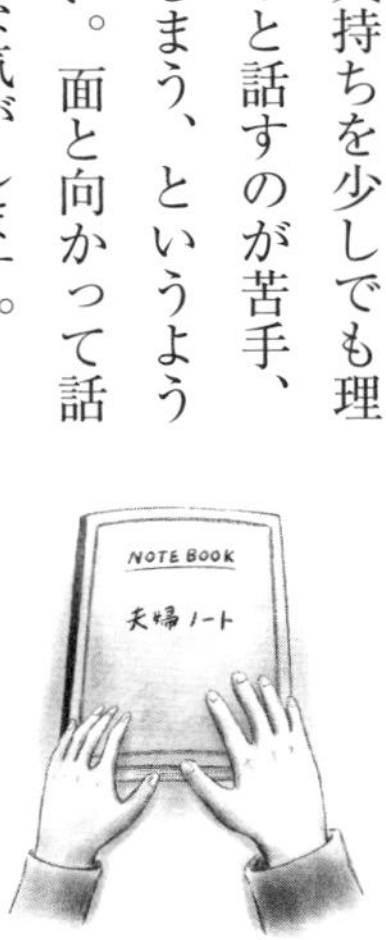

あなたの理想の未来を、あなたと一緒に生きる人とともに、アイディアを出し合いながら、現実のものにしていってほしいと思っています。

問いかけ

㊸　あなたはこれから誰と一緒に生きていきますか？

㊹ お互いの夢を協力して叶えていくために、あなたは何をしますか？

一緒に生きていく人と、最高の人生を創るためにどうしたらいいか、というのを話し合いましょう。話すのが苦手なら、僕みたいにノートを使うなど、別の方法も考えてみてください。

——お金に目が眩んでしまったお話

「夫婦ノート」を書いて行く中で、「場所に縛られない人生にしたい」と決意し、まず最初に頭に浮かんだのが、「インターネットを活用したビジネス」でした。インターネットを活用して、場所に縛られずに、家族を養うだけの収入を手に入れていく方法がないかと調べ始めました。

当時、僕が目をつけたのはYouTubeという動画配信サービスでした。当時は、YouTubeで投稿している人も少なく、動画のクオリティも低く、ここに高クオリティの動画を投稿していけば、広告収入を得ることができて、場所に縛られない仕事ができるのではないかと考えました。

少し話が変わりますが、アフリカで生活をしている時に、井戸に水を汲みに行くことがありました。

井戸で水汲みをしたことがない人は、なかなか実感できないかもしれませんが、お水って重いんです。自宅から少し離れたところに、井戸があり、そこにバケツを2つ持って行き、井戸水をたっぷりバケツに入れて、家に持って帰るのですが、お水って重いんです。僕の細い腕がプルプルして、その振動がバケツに伝わり、バケツの中の水はどんどん溢れていきます。その姿を、現地のおばちゃん達が見て、笑いながら助けてくれます。

僕の3倍くらいの太さのある腕で、自分のバケツを手に持ちながら、僕のバケツを1つ頭に乗っけて、スタスタと歩いていくのです。もっと筋肉をつけようと思いつつも、水道の偉大さに気づくわけです。日本で生活していると当たり前に存在する水道。この水道があれば、水が欲しい時に、蛇口をまわせば水が出てきます。でも水道がなければ、井戸に水を汲みに行かなければいけないんです。

これは仕事に通じるものがあると、アフリカの時に思っていました。

どういうことかというと、**「会社に毎日行く」のと、「水汲みに毎日行く」のが同じように感じたんです。**会社に行けば収入が手に入る。水汲みに行けば、水が手に入る。反対に会社に行かなくなれば、収入はなくなる。水汲みに行かなくなれば、水はなくなる。だから雨の日も風の日も、毎日行かなければいけない。ここに自分で選択する余地はないんです。

でも、水道という「仕組み」さえでき上がれば、水汲みに行くかどうかというのは、その時の気分で自由に選択できるようになります。仕事もこういう仕組みをつくることが大切なんだなぁと思っていました。

話を元に戻します。僕が、当時YouTubeに目をつけたのは、これから通信速度がますます上がって、動画のトレンドがやってくると確信していたこと、そして、YouTubeに動画をアップすれば、そのビデオは、長い期間にわたってYouTube上に残り続け、動画を投稿するのをやめても、過去に投稿した動画が収益を生み出してくれる可能性がある、先ほどの水道という「仕組み」に近いイメージだったわけです。

これがうまくいけば、場所に縛られない人生を作ることができると感じ、僕はYouTubeで広告収入を生み出すためのノウハウが記載された教材を購入し、それを実践することにしました。やり方をシンプルにいうと、世の中で流行っているニュースやキーワードなどに着目し、それに関連する動画を作って、動画視聴回数を増やし、広告収入を得る、というものでした。

でも、やっていくうちにわかったことがあったんです。それは「面白くない」この一言です。「世の中で人気がある」という理由で、「自分には興味のない」ニュースやキーワードなどを調べて、それについて動画を作っても、面白くなかったんです。確かにこれをやれば、収入を手に入れることはできると思いました。でも、やっていて面白くなかったんです。

面白くなかったら意味がないんです。今の会社員とあまり変わらないんです。「働いていて面白くないけど、安定した収入がもらえる状態」そんな状態を変えたくて、新しい行動、新しい挑戦をしようとしているのに、「働いていて面白くない、しかも、長期にわたって安定した収入になるかどうかもわからない」そんな状態を目指してどうするんだ、と思い、自分の失敗に笑ってしまいました。

お金に目が眩んでしまっていたんです。会社を辞めたい→会社を辞めても家族を養い続ける責任がある→お金が必要→YouTubeが儲かりそう、という「マネーファースト」な考え方で、短絡的にたどり着いてしまったんです。これではダメですね。始めてすぐに気づけたので、よかったです。

あなたも、ぜひここには気をつけてください。「流行りのノウハウはこれ」「これなら簡単に儲かる」といった、煽り文句に踊らされないでください。僕も踊らされて失敗したことに気づけたので、よかったです。**大事なのは、「情熱がそこにあるかどうか」だと思います。**

流行りのノウハウを学び、毎日30分の作業で、毎月30万円稼げるようになって、会社を辞めてしまう人がいます。でもそこから悩む人がとても多いです。

流行りのノウハウが通用しなくなって、毎月30万円稼げていたものが、5万円になってしまったというケースもあります。また、収益は安定して30万円稼げていても、自分の情熱がそこにはなく、社会の役に立てている気もせず、手元にある膨大な時間をもてあそび、落ち込んでしまうケースもあります。ぜひここは気をつけて欲しいなぁと思います。人は、生きている限り、社会と関わり、働くものだと思います。それが幸せなんだと思います。

その時に、自分の情熱はどこにあるのか？　**何年、何十年と続けても消えないような情熱の火はどこにあるのか？**　というのを意識して欲しいと思います。

問いかけ

㊺「お金がもらえるから今の仕事をしている」「お金がたくさんあれば今の仕事を辞めたい」と思っていませんか？

もしそうなら、そろそろ、その人生を変えると決意しませんか？

――ついに、やりたいことが見つかった。

嬉しいことに、妻は全面的に応援してくれている。でも、情けないことに、具体的にどうすればいいかはわかっていませんでした。自分の情熱が１００％湧く分野で、場所に縛られず、且つ、家族を養うための収入を確保できるような仕事を生み出せないものかと悩み、今日もノートを取り出し、想いや考えを書き出していました。過去に書いたノートを取り出し、机の上に山積みにし、見返しながら、ヒントになるようなものを、新しいノートに書き出す、そんなことを繰り返している時、ふと頭の中に、一つのメッセージが転がり込んできました。

「僕は文章を書くのが好きなんだ」って。

当然といえば、当然なんですが、本人はその時まで気づいていませんでした。

お金をもらえるわけでもないのに、僕は今まで何年もノートに文章を書き続けていました。暇な時間があれば、ノートを取り出し、学んだこと感じたことを書き出していました。今まで書いてきた何十冊というノートを見て、「あっ　これだ」「僕の情熱の原点ってここだ」って気づいたんです。

奇しくも、一番最初に書いたモレスキンのノート。アフリカに行く前に書き始め、アフリカにも持って行っていき、茶ばんでボロボロなノート、そんな1冊目のノートにこんなことが書いてありました。「**写真、文章、声、体で表現し、人を喜ばせる存在になる**」なんだ、僕はアフリカに行く前から、もうわかっていたんだ。結局ここなんだ。グルグル、グルグル何年も、もがき、探し、あれでもない、これでもないと考え、何十冊もノートに書いていたのに、一番最初のノートに答えが書いてあったんです。「幸せの青い鳥」のような気分になっていました。

僕はインターネットを使って、まずは文章で、自分の想い、気持ちを素直に表現しようと決意しました。とにかく文章を書こうと思って、アメブロで日記を書いたり、Googleサイトというサービスで自分のホームページを作り、英語のクイズを書いたりしていました。

誰に向かって、何のために書いているかもわかっておらず、ただただ文章を書きました。いつかは会社から離れ、海沿いの暖かいところに住んで、好きな「文章」を仕事にして、自分らしく生きたい、そういう風に思っていました。でもその実現方法はまったくわかっていませんでした。

問いかけ

㊻　あなたの情熱はどこにありますか？　僕がそうだったように、案外身近にあったり、すでに答えを見つけていたりするかもしれません。角度を変えて、観察してみてください。あなたの手の届くところ、あなたの目が届くところに答えはありませんか？

クエスト：それぞれの理想

次の分野について、あなたの理想の未来を描いてみてください。

1　人間関係（家族・友人など）
2　仕事・経済状況
3　健康・体
4　生活・住環境
5　趣味・社会貢献
6　精神・思考・感情

どんな状態があなたにとって理想の状態でしょうか？　できるだけ具体的にイメージができるように妄想してみましょう。思いつかない方は、それぞれ、どこに不満があるのかを考えてもらって、それを解決した先に理想の未来がないかどうかを考えてみてください。

8章 はじめの一歩

――（衝撃）僕の最初のメルマガはなんと・・・！？？

「文章を書く」のが好きと分かり、場所に縛られない仕事をつくるためにインターネットと組み合わせようと考え、アメブロなどに文章を書き始めてみたんですが、書いていても、誰も読んでくれている気がしないんです。

事実ほとんどアクセスはなく、あったとしても、誰が何のために読んでくれているかよくわからなかったんです。書き手である僕も、誰に何のために書いているかわかっていなかったんです。だから、読者が明確にわかる文章を書きたいと思い、一歩踏み出したのが、メールマガジン、いわゆる「メルマガ」でした。ゆくゆくこれが、僕の収入源へと変わって行くことになるんです。

まずは、はじめの一歩として、メルマガ発行のためにメルマガスタンドと契約をしました。ただ問題なのは、当たり前なんですが、僕のメルマガを読んでくれる読者さんがいないということです。

しょうがなく1通目は、テスト感覚で、自分宛てに送りました。そして、2通目は、妻にお願いして、僕のメルマガ読者になってもらい、自分と妻に宛てたメルマガを配信しました。その時のメルマガを引用したいと思います。

宛先：

Cc：

件名：「なんと一気に読者数が2倍！！？」

さて、今日は「なんと一気に読者数が2倍！！？」ということで……ついに読者数が1人（僕だけ）だったのが……、2人（妻＋僕）になりました。
これは結構重要な一歩です。
まず①自分だけに書いていたのが、相手に伝えられるようになった。少なくともメールとしての機能を果たすようになった。
②人生のパートナーである妻が読んでくれることになった。皆様への配信内容が、しっかりと妻にも届くということが僕にとっては非常に重要なことだと思います。

次は仲間にこのメルマガを紹介していこうと思います。引き続きがんばります。どうぞよろしくお願いします。

引き続き、
ちょっとずつ、
ちょっとずつ
進んでいきます。
どうぞおつきあいください ^^
Mao

これ、けっこう衝撃的だと思いませんか？

あれから6年位たった今では数千名の方に僕のメルマガを読んでもらっているんですが、最初は、妻と僕だけから始まったんです。そのあと友達に声をかけて、友達に登録してもらって、そういう風に一歩ずつ進めていったんです。

何が言いたいかというと、**「誰にでも最初の一歩はある」**ということなんです。プロの野球選手だって、はじめてバットを握った日が必ずあるわけです。

僕も最初は、自分と妻にメールを送って、「メールマガジンを発行した」と言って、妻と乾杯して、喜んでいたんです。今の環境や才能、経験などで「●●がない」「●●が足りない」って言い訳にして、進まずに立ち止まるくらいであれば、かっこ悪くたっていいので、前に進んだ方がいいと思います。

最初は下手くそだって、何年も続けていけば、だんだんとうまくなっていくものです。最初は誰も相手にしてくれなくたって、続けていれば、だんだんと理解者が増えてくるものです。**「才能がない」って思っていたら、才能はないままです。才能は後天的にいくらでも伸ばしていけるものだと思います。**初めてバットを握った日から、綺麗なフォームでバットを振る子どもなんていないんです。結局、何回バットを振ったか、何回バッターボックスに立ったかが、前に進めるかどうかの鍵なんだと思います。

　僕はそう信じて、最初の一歩を踏み出しました。あの時、「メルマガ読者がいないから、メルマガ発行なんてまだ早い」って思っていたら、今の僕はここに存在していなかったと思います。メルマガを書きたい、だったら自分宛だけでもいいから、妻と自分宛だけでもいいから、メルマガを書いてみようって思い、始めたんです。そうやって、1歩2歩と前に進んでいきました。

　手探りで前に進むと、壁にぶつかります。友達にメルマガを登録してもらってから、それ以上は読者さんは増えなかったんです。まぁ、当たり前といえば、当たり前ですよね。壁にぶつかって、また別の方法を考える必要があるなぁと感じていました。**壁にぶつかって、初めて「足りないもの」が見えてくるんです。**

「充分に揃うまでスタートしてはいけない」と完璧主義になっていませんか？　僕は、大学付属の中学に入学したため、小6の受験を最後に、受験をしていません。だから、「英語」という科目を真剣に勉強したことがありません。高校3年生の時に、Fire（火）が読めなくて、フィレ肉のことだと思い、辞書を引いて、落ち込んだことがあります。（笑）

　日本に住んでいるのに、英語を勉強する意味がないと思っていたので、真面目に勉強していませんでした。英語力は散々なものでした。でも、そんな僕もアフリカに飛び込み、生き残るために英語を実践で学んでいきました。学校の先生として、英語で授業を行ったり、１０００人くらいを前に、英語でスピーチをしたりしました。香港ではアジア各国で英語を使って商談をしました。

文法は、ほとんど学んでいません。語彙力もありません。それでもTOEICは８５０点くらい取れました。（もちろんまだまだ英語力は未熟で、もっと鍛えていきたいと思っています。）

お伝えしたいのは、「**順序を間違っていませんか？**」ということです。英語を話せるようになってから、海外へ行こう、って思っていませんか？　そう思ったら、英語は一生話せないままかもしれません。

メルマガ読者さんが集まったら、メルマガを発行しようと思っていませんか？

そう思ったら、メルマガ発行は、いつまで経ってもできないかもしれません。順序が反対なんです。まずは動いてみることです。**まずは何が何でも一歩を踏み出してみることが大事なんです。**完璧主義になって、目の前に見えているたくさんの信号が青になったら、出発しようと思っても、そんな瞬間は一生現れないかもしれません。無傷で、かっこよく行こうと思ったって、前には進めないんです。かすり傷を受けながら、何度もへこたれたり、転んだりもしながら、それでも前に進むものだと思います。

「私にはまだ早い」と思っているあなた、反対です。「すでに遅いんです。」手遅れになる前に、今すぐスタートしてください。

問いかけ

㊼ あなたが「やりたい」と思っていることはなんですか？

㊽ それをなぜ、やらないで「やりたい」という状態で留めているんでしょうか？

㊾ 「私にはまだ早い」と思って、準備ばかりしていませんか？　その準備はいつ終わるんでしょうか？　1年後ですか？　1年前も同じように「1年後には●●しよう」って思っていませんでしたか？　今すぐ始められる一歩目を探しましょう。

——正しい知識を入れる

メルマガの読者さんを増やすためには、自分の交流関係外にいる人に知ってもらう必要があると思い、僕はブログを本気で取り組むことを決めました。ブログに正しく取り組んでいけば、不特定多数の人がブログを訪れ、そこからメルマガ登録してくれると考えたからです。「ワードプレスがわかる本」を1冊購入して、週末に自分のホームページをワードプレスで作ってみました。でき栄えもオシャレでした。テーマも決めました。「家族で10倍楽しく生きる方法」です。

メルマガでもそれに関連するメールを打つようにしました。ただしっくりきませんでした。なんだか趣味の延長線上というような感じだったのです。この時、僕に圧倒的に足りないものは「知識」だと思いました。

アフリカにいる時の話ですが、食材は市場に行って買っていました。

市場といっても建物があるわけではなく、青空の下、広大な大地に、それぞれがゴザのようなものを敷き、野菜や果物、豆などを売っていました。僕がそこを歩いていると、マンゴーを売っている人がいました。その横に座っている人も、同じようにマンゴーを売っていました。そして、その横に座っている人も同じようにマンゴーを売っていました。

そして口々に、「おーい、Ｍａｏ、今日はこっちで買ってくれ」って声かけてくるんです。不思議でした。この3人は何をやっているんだろうかと思いました。当時僕は、若者向けに「収益向上活動」となるようなビジネストレーニングも行っていたので、彼らを呼んで話をしました。毎日のお客さんの数が一定で、３人が同じ商品を同じ場所で売っていても、取り分は１／３になるだけです。またマンゴーがたくさん取れる時期は１個１円で売っても、売れ残っていました。それでもいつも通り３人は同じ場所で、違うお店として販売していたんです。

だから僕は彼らに、販売をする人は１人にして、残りの２人はマンゴーの加工品としてジャムを作り、長期保存を可能にし、観光客が訪れる場所に持ち込んで販売することを提案しました。彼らの頭の中には「ジャムを作る」という考え方はなく、ただ「マンゴーを売る」という「知識」しかなかったのです。

僕たちの頭の中に「知識」としてどんなことを知っているか？　というのは、人生を大きく変える可能性があります。売れずに腐っていくマンゴーを毎年売り続けるのか、ジャムを作るという知識を頭の中に入れて、新しい行動をしていくのかで、人生というのは変わっていきます。

僕がメルマガを書いていても、読者さんが増えていかないこと、「ワードプレスがわかる本」を読んで、綺麗なホームページができても、アクセスが増えていかないこと、こういったことも、ただ単に「知識」が足りないだけなんだと思いました。

その頃に知り合ったのが、マレーシアの起業家で、Ｗｅｂマーケティングを専門にされている横山直宏さんという方です。今までに多数の実績を出されているのにも関わらず、気さくな態度で接してくれる横山さんと出会い、彼からたくさんのことを学びました。一緒にお花見をしたり、ご家族で石垣島に会いにきてくれたり、仲良くさせてもらって、ご縁に感謝しています。

横山さんとの出会いをきっかけに、ホームページを作り直すことにしました。「自分のメディアをインターネット上に持つんだ」という気概を持って、名称、コンセプトや、記事の方向性、キーワードの洗い出しなどを改めて行い、「Sketch Life」というホームページを立ち上げました。

正しい知識、新しい知識を自分の中にインプットし、それを活用し、丁寧にアウトプットしていくこと、これによって趣味の延長線上のようだったブログが大きく加速していくこととなったのです。

僕たちは、今、自分たちが持っている知識、経験で判断をします。その知識、経験が未熟だったり、不足していたりしたら、その判断は当然未熟だったり、誤っている方向に判断をしていたりしてしまうんです。いくら努力をしても、いくらその努力を継続しても、その努力の方法が正しくなかったら、間違った方向に進んでしまうんです。

今、世の中には多数の情報が転がっています。無料でも、検索エンジンなどを活用してたくさんの情報へアクセスすることができます。ただ問題なのは、その情報が玉石混交であることです。そして、経験や知識を持っていない場合、それが玉なのか、それが石なのかを判断するのが非常に難しいということです。

なので、もしあなたが、新しい分野に進んでいきたい、新しいことに挑戦をしたいと思った場合は、すでに先に進んでいる人、挑戦をして成果を出している人から教わる機会を作って欲しいと思います。

大人になるにつれて、僕たちは「知らない」「わからない」と言うことを恥ずかしく感じることがあると思います。でもそれを恐れて、「知っている」「わかっている」と言ってしまうと、そこで成長が止まってしまったり、教えを乞うことができず、間違った方向に進んでしまったりするんです。

だから、恥ずかしがらず、「知らない」「わからない」と言って、正しい知識を持っている人から教わってください。

問いかけ

㊿ あなたが身につけたいスキル、進んでいきたいジャンルなどで、自分自身が未熟と感

じる部分はどこですか？

(51) それを誰かから学ぶとしたら、あなたは誰から学びたいですか？　あなたが学びたいと考える人を3名挙げてみましょう。

――真似するところ、真似しないところ

正しい知識を自分のものにしていくためには、まずは「真似をする」のが効果的です。

僕もブログを真剣に取り組んでいく中で、記事をどう書くのか、タイトルはどうつけるのか、写真はどのように挿入するのか、などなどを学び、その型を真似していきました。

その一方で、「真似をしないところ」というのも明確に決めていました。ブログを学んでいくと、同様にブログを書いている、いわゆるブロガーさんの仲間、友人が増えていきます。そうすると多くのブロガーさんが、僕にこういうことを言うんです。

「Ｍａｏさん、アフィリエイトはやらないんですか？　儲かりますよ」と

「アフィリエイト」というのは、「紹介ビジネス」のようなものです。例えば、お値段５０００円の健康サプリＡがあるとして、それをブログ上で紹介し、ブログ経由で、販売が成立した場合に２０００円の成功報酬が支払われる、といったようなものです。

健康サプリAを紹介する記事に月間１万人が訪れるとして、その訪れた人の１％が購入してくれたら、２０００円×１００人＝20万円の利益が毎月発生する、というようなものです。確かに、「儲かるだろう」という認識はありました。

でも、真似はしませんでした。以前お伝えしたように「お金に眩んで失敗した」「興味のないことをやっても面白くない」という経験があったからです。これに手を出してしまうと、お金に目が眩んで、自分が本気でおすすめする商品を紹介するのではなく、紹介料の高い商品を紹介してしまう恐れがありました。

あなたはどう思いますか？

健康サプリAを紹介すると月間20万円の利益だけど、健康サプリBを紹介すれば、月間40万円の利益になるとしたら、サプリBを紹介した方がいいかなぁと思ってしまいませんか？　これが僕は怖かったんです。またそれと同時に、紹介料の決定権が、販売者に握られていることにも恐怖を感じていました。サプリAの紹介料２０００円が来月から５００円に変わります、と言われたら、月間20万円の利益だったものが、月間５万円の利益に変わってしまうわけです。

販売者の決定に対して、一人の紹介者がとやかく言えるものではありません。これも非常に怖いと思っていました。マネーファーストで動いてはやっぱり失敗すると思ったので、時間がかかってもいいから、誰かの商品を紹介するのではなく、自分の商品を作ろうと思っていました。

ただ、この時の僕は、まだ何もありませんでした。何もなかったけど、だからといって、**全てに迎合する必要はなく、「こだわり」を持つことは大事だと思っていました。**自分のことを未熟者だと認識し、誰か正しい知識を持っている人から素直に教えてもらうことはとても大事です。

その反面、自分の「こだわり」を持って、これは教えてもらって真似する部分、ここは教えてもらわず、お断りをする部分、というのを明確にするようにしていました。そうしないと、結局自分の人生ではなく、誰かの人生を踏襲するような生き方になってしまうんです。ここは気をつけてほしいと思います。

何でもかんでも真似をすればいいというわけではないんです。会社を離れ、独立起業したいと思っていました。インターネットの技術を活用して、場所に縛られない仕事をしたいと思っていました。新しい人生、理想の人生を作っていくにあたり、「モデルケース」となる人を探していました。当時は香港に住んでいたので、インターネット上で、モデルケースとなる日本人を探しました。

ただ、そこで成功されて、輝いている方々は、大きく2タイプで、1つ目は、大きな会社を経営し、仕事が忙しく、家族と過ごす時間を失っているギラギラタイプ、そして2つ目は、独身で、世界中を自由に渡り歩きながら、ビジネスをしているフラフラタイプでした。僕はギラギラもフラフラもしたくなかったんです。家族で、できるだけ一緒にいながら、自分にとって、ちょうどいい規模感でお仕事をさせてもらい、お客さんに喜んでもらいながら、気持ちよく生活をしたいと思っていました。自分が思い描いたモデルケースは、結局見つけることはできませんでした。僕にとっての「しあわせのカタチ」を体現している人に出会うことができなかったので、自分で作り上げていく必要がありました。

きっと、「１００％この人みたいになりたい」みたいな人は見つからないんだと思います。だから、真似るところ、真似ないところを決めていって、複数の人のそれぞれのいいところを真似して、自分なりの「しあわせのカタチ」を実現していくのがいいんじゃないかなぁと思っています。

問いかけ

㉜ 自分の中で「判断基準」を持っていますか？

例えば、何かを学ぶ時、誰かから教えてもらう時、「どうなりたくて学ぶのか？」「どういうことを学ぶのか？」というのを明確にしましょう。反対に、「ここは学ばない」「ここは真似ない」というのも決めておくといいと思います。

クエスト：5日間の猶予

今からあなたに5日間の猶予を与えます。（偉そうにすみません）
5日間で、あなたは一歩踏み出してください。以下のモデルを参考にして下さい。

1日目：進みたい方向性、理想の状態などを決める
2日目：その方向性や状態にたどり着いている人、先に進んでいる人を3人探す
3日目：その人たちのことを調べる
4日目：今すぐにあなたが踏み出せるところを決める
5日目：一歩踏み出す

そんなに難しく考えずにやってみましょう。要は5日間で、理想の状態に向かって、何か一歩踏み出せばいいわけです。例えば、こんな感じでやってみましょう。

1日目：「ベストセラー作家になりたい」と決める

2日目：自分が書きたい分野で著名な人3人をピックアップする
3日目：著書リストをまとめる（タイトル、出版社、発行年、概要など）
4日目：著書リストを参考にテーマと出版社を選び、出版企画書を送ると決める
5日目：まずは1社目に出版企画書を送る

最初の出版企画書で、出版が決まる可能性はとても低いと思います。ましてや1日で書き上げた出版企画書の質は最高のものではないと思うので、さらに可能性は低くなると思います。

ただ、大事なのは、ベストセラー作家になりたいと思ったまま、数ヶ月何もしない時間を過ごすくらいであれば、決まらなかったとしても、まずは5日で何かアクションを起こした方がいいんです。やってみて、「質が低い」と感じたら、次の5日で、さらに質を高めて、別の出版社にオファーしたっていいと思います。

そういう行動をしていくうちに、「自分には何が足りないのか」というのがわかるようになります。動いてみないと、「何が足りないのか」わからないんです。「何が足りないのかわからない」のに、出版するための本を読んだり、セミナーに行ったりしても効果は低いんです。まずは行動しましょう。

1
2
3
4
5

9章　仕事とは、本来最高に楽しいものだ

——「Sketch Life」に込めた想い

ブログを本気で作ろうと考え、タイトルを「Sketch Life」と名づけました。この名前に込めた想いとしては、**「理想の人生をSketchして（描いて）そのLife（人生）を手に入れていこうよ」**というものでした。

就職活動で夢を語ったら、「いつまでも学生気分じゃ困る」と言われ、金髪で入社式に行ったら、「会社を舐めてるのか?」「社会を舐めてるのか?」と言われ、自分の個性を隠し、がむしゃらに働いた数年。少し太ってかっこ悪くなった自分と甲子園球児を比較して、不甲斐なくて涙した日。なんとかもがこうと、勇気を出して、アフリカ行きを決めても、周りからは非難の声。2年のアフリカ生活を経て、日本社会に帰ってきて、暗い顔をして満員電車に乗る大人の顔を見て衝撃を受けたものの、その数ヶ月後には、自分が暗い顔をし

て満員電車に乗るようになり、その後、引きこもり生活。

明るい未来を描こうとしても、いつも周りに否定されてきました。そして、一番悲しいのは、自分の実力不足でした。明るい未来を現実のものにできていない自分の不甲斐なさでした。会社を辞めると決め、妻と一緒に「夫婦ノート」を書き始め、場所に縛られないで、自分が好きな「文章」を仕事にして、自分たちらしい幸せな人生を創るって決めたのに、それを実現できていなかった悔しさもあり、それを絶対成し遂げるという意味合いも込めて「Sketch Life」という名前をつけました。

自分たちの手で理想の人生や未来を描いて、信じて、それに向かって行動して、そしてそれが現実のものへと変わってくる。そんなことが、世の中の常識に変われば、もっと大人たちは明るく働き、明るく生きていけると思うんです。そんな大人たちの背中を見て育った子どもたちは、「大人って楽しそう」「早く自分も大人になりたい」「大人になったらどんな人生を送ろうかな」ってワクワクすると思うんです。そんな世の中に変えていきたい、そう思って、メッセージをブログで発信していくことにしたんです。

僕は就職活動の時に、子どもにわかりやすい仕事、子どもが喜ぶ仕事を念頭に置いて探していました。

アフリカでは、子どもや青年の育成というのがメインで、学校で授業をしたり、スポーツや美術を教えたり、仕事がない青年向けに起業の仕方などを教えたりしていました。でも、その大元にあるのは「大人」だと気づいたんです。子どもや青年が楽しい人生を送れるようになって欲しいと思って、今まで彼らに向けて活動をしてきましたが、そうではなくて、まずは大人から変えていく必要がある、大人である自分自身も変わっていく必要があるって、思うようになったんです。自分が心から楽しいと思える人生、１００％満足できる仕事を描き、それを現実のものにしていき、そして、そう願う人々に、どうやって自分らしい生き方、自分らしい働き方を実現して行けばいいのか、というのを教えていきたいと思うようになりました。

「Sketch Life」の副題には、「**地球は豊かで、人生は本来もっと楽しい**」という言葉を添えました。学生時代からバックパッカーでヨーロッパやアジアを周り、アフリカでボランティアをして、香港を拠点にアジア各国で仕事をし、今まで30カ国以上訪れてきて思うこと、それは「地球は豊かだ」ということです。モルディブの海で泳いだときも、モンゴルのゲルに泊まって、星空を眺めたときも思いました。僕たちが住んでいる地球は本当に豊かです。太陽は毎日輝き、雨も降り、動物も植物も育ち、本当に豊かな世界の中で生きていると思います。そんな世界で生きる僕たちの人生がつまらないわけないんです。本来もっと楽しいものなんです。でも、これを言葉だけで言っても伝わらないと思い、まずは僕の人生で、僕たちの人生でそれを証明しようと決心し、気持ちを込めて、ブログやメルマガでメッセージを発信することにしました。

そうしたら驚くことに、多くの方々が、僕のメッセージに反応してくれて、「共感します」「すごく心に響きました」そんなメッセージを毎日たくさん送ってくれたんです。これには驚きました。

この時に考えたのが「理想」という2文字です。

理想という字は「理」と「想」の2文字を書きますね。「理」というのはロジック、論理ですね。「想」というのは、想いや情熱とかですね。この2つが組み合わさると本当に強いんだなぁという風に感じました。

30年ほど、もがき続けてきた僕の「想い」、世の中の常識との不一致、自分らしさ、そういったものを専門家から教わったＷｅｂマーケティングの正しい知識、「理」と組み合わせて発信した結果、大きな反響を得るようになったのです。ブログ「Sketch Life」のアクセスは、月を追うごとに増えていき、年間１００万人以上

が訪れるサイトになっていきました。そして、そこからメルマガを読んでくれる人も、嬉しいことに続々と増えていきました。

問いかけ

(53) あなたの「理」と「想」を考えてみませんか？まずは「想」から考えてみましょう。あなたの心の底から湧き上がってくる「想」はどんな想いですか？

(54) 「想」を、カタチにしていくための「理」はどういうものでしょうか？もし「理」が足りなかったら、どうやって身につけていきますか？左右の車輪のバランスが取れて、車は初めてまっすぐ走りはじめます。ぜひ両方の車輪について考えてみてください。

――初めて知ったお金の重み

「Sketch Life」というブログを作り、メルマガを発行する中で、決めていることが一つありました。

それは、「コメント」や「メール」には全て直接返事をする、ということでした。迷惑メールに入ってしまったり、見落としてしまったりしているメールも実際としてはあるかもしれませんが、現在に至るまで、僕は全てのメールにお返事をしています。今でも多数の方から、メールやコメントが届きますが、それに1通1通お返事をしています。物理的に厳しくなったら別の方法を考えようと思いますが、できる限りはこれからも続けていきたいと思っています。

こういった感じで1通1通お返事をさせてもらっているので、「本当に返事がきた！」と驚かれることが結構あります。でも、そうやって繋がりが生まれて、少しでも「Sketch Life」という考え方が伝わったらいいなぁと、素直に願っています。「夢は見ていいものなんだ」「夢は実際に手に入れられるものなんだ」「人生は自分の手で創っていくものなんだ」「そんな人生ってすごく楽しいものなんだ」「世界は可能性に満ちているんだ」そんなことを末長く伝えていきたいと思っています。

その一方で、僕がメールを1通1通、お返事している別の理由があります。それは読者さんの「悩み」を知ることができるからです。僕のブログやメルマガを読んで、大切な時間を使って僕にメールをしてくれる人の悩みを知ることができて、その悩みを解決する方法を提案することができたら、それは「商品」や「サービス」になるんです。

「Sketch Life」が立ち上がり、見てくれる人が増えてくると、少しずつ売り上げが立つようになりました。僕のブログを読んで、メルマガ登録してくれて、そのメルマガで、「悩みがあったら教えてください」と聞くようにしたんです。

そうしたら、「私はいつも三日坊主です」「私は自分に自信が持てません」「私は自分がやりたいことがよくわかりません」そういった悩みを教えてもらうことができたんです。だから、僕はそういった悩みを解決できるようなサービスを作りました。マンツーマンでいつでもメールで相談できるようなサービスを作ったり、特定の悩みを解決できるようなコンテンツを作成したりしました。そうやって、少しずつ売り上げが立つようになったのです。

本当の意味で、初めて自分が売り上げたお金です。金額は数千円程度でした。たったの数千円が、給料日に銀行に振り込まれる数十万円の給料よりも、重く感じました。大きな一歩だったんです。自分の想いや気持ちを素直に表現し、それに共感してくれる人が購入してくれて、そして、そのお客様に一生懸命サービスを提供して、喜んでもらって、お金を頂戴する。すごく重みのある数千円でした。それからも僕は、メルマガ読者さんに、悩みや欲求などを質問し続け、それに合うような商品やサービスを多数作っていきました。

こうやって少しずつですが、自分の描いた未来を理想のものに近づけていったのです。

まずは1000円でも500円でもいいので、自分が好きなことで、誰かに何かを提供して、収入を得てみませんか？

この小さな一歩があなたにとって大きな一歩になっていくと思います。

問いかけ

55　あなたの商品やサービスを試しに作ってみませんか？　あなたが今まで経験してきたことやあなたが好きなことで、周りの人よりも詳しいこと、そういったタネを、商品やサービスという形にしてみませんか？
そんなに難しく考える必要はありません。洋服が好きなら、「一緒に買い物に行ってコーディネートしてあげるサービス」とか、プロレスが好きなら、「一緒に観戦に行くサービス」とかで構いません。

(56) 試しに作ってみたら、誰かにお願いして買ってもらってみてください。買ってもらえたら、誠意を持って、提供してみましょう。その時、あなたは、どんなことを感じますか？（実際にやってみないとわからないので、ぜひやってみてください）

――仕事って本来最高に楽しい

自分が好きなことを「商品」「サービス」に変え、それを元にお金が手に入る、というのは、とても嬉しいものでした。そして、嬉しい気づきとなりました。それは、「仕事って本来最高に楽しいものなんだ」ということです。

多くの人が「仕事とは大変なもの」「仕事とは我慢するもの」「仕事とはやらなくてはいけないもの」だと認識していると思います。それまでは、僕も似たように考えていました。家族を養うためにはお金が必要で、そのお金を手に入れるためには、仕事をする必要がある。家族を養うために、仕事とはやらなければいけないものなんだ、そういう風に考えていました。**「お金」というプラスなものを手に入れるために、「仕事」というマイナスなものを差し出す必要がある。そういう交換制度なんだ、**という風に考えていました。

その考え方が変わったんです。「自分らしく生きる」「自分らしく働く」と決めて、素直に、自分が好きなことを表現して、そこに共感して集まってきてくれるお客さんが求めることを、純粋に誠意を持って提供して、お客さんに喜んでもらう、そんな一連の行為が最高に楽しいものなんだなぁとわかりました。お客さんが喜んでくれて、お客さんにとっても「プラス」、提供している側も、お客さんに喜んでもらえることが嬉しくて「プラス」なんです。双方「プラス」です。

仕事というのは本来最高に楽しいものなんだと気づくことができました。しかも、「お金」まで、ついてきてくれるんです。その「お金」を使って、新たな知識や経験を得て、自分自身を成長させ、その結果、さらにお客さんに喜んでもらうことができて、そうするとさらにまた「お金」がやってきます。その「お金」を、自己成長や、新サービスの開発にさらに投資していく、こういった感じで、お金をグルグルと循環させることで、自分が好きな分野の自己研鑽を行い続けることができ、喜んでくれるお客さんの質や量を高めていくことができるんです。仕事ってこんなに素晴らしいことだったんだと、気づくことができました。

我が家には、小さい子どもが２人います。

２人ともお手伝いをするのが大好きです。**人ってそもそも「お手伝い」をするのが大好**

きなんだと思います。「相手に喜んでもらいたい」「誰かの役に立ちたい」って思っていると思うんです。そして、その一連の行為を通じて、「卵の殻が割れるようになった」「タオルがたためるようになった」といった成長が生まれ、その成長もまた嬉しいから、もっとお手伝いをしたい、って思うんです。次は「卵焼きをつくってみよう」次は「Tシャツをたたんでみよう」って挑戦をして、相手に喜んでもらえる範囲を広げていくことができるんです。

純粋にそんなことだったんだなぁって、改めて気づくことができました。

「会社が嫌になって辞めるのは許さない。お前がやりたいことが見つかって、辞めるなら応援する」と言ってくれた以前の上司に、やっと「心からやりたいことが見つかりました。応援してください」と伝えることができました。

うまく伝わるかわかりませんが、今までは、「競争社会」に生きていたんです。目の前にはテスト、受験、就職活動、出世争いなどがあり、少ない椅子を取り合って、少ないお金を競い合って、他の人に負けないように、自分を我慢して、誰かよりも優れていよう、誰かよりも早くやろう、ってしていたんです。

でも、本当は違ったんです。**僕たちの目の前には、たくさんの椅子があって、僕たちの世界にはたくさんのお金があって、みんな分け与えるのが大好きで、みんな喜んでもらえ**

るのが大好きで、自分たちの好きなことに一生懸命没頭して、そんな自分のことを求めているる人のところにいって、一生懸命提供したら、喜んでもらえるものなんです。

そんなシンプルなことに気づきはじめた30代のおじさんがここにいました。

問いかけ

㊼ あなたは仕事にどんなイメージを持っていますか？

㊽「仕事って本来最高に楽しい」という言葉を聞いて、どのように感じましたか？　多くの人の人生の大半の時間を占めるのが仕事です。その仕事とまっすぐ向き合ってみませんか？

クエスト：お仕事再発見ワーク

仕事がつまらない、仕事が辛い、大変だと感じている方に取り組んでいただきたいワークです。

「仕事の魅力を再発見する」ということをやってみませんか？　少数ではありますが、仕事を楽しそうに、充実して働いている人が必ずいます。そういう人を探してみましょう。少し離れたところでは、ミュージシャン、スポーツ選手あたりを探してみるのはどうでしょうか？　近いところでは、カフェやレストラン、お花屋さん、自転車屋さんなどでイキイキと働いている人はいないでしょうか？　まずはイキイキ働いている人を探してみましょう。

　次に、そのイキイキ働いている人と同じ仕事内容で、イキイキしていない人を探してみましょう。不思議なものでイライラしながら働いている店員さんがいれば、いつもニコニコして働いている店員さんもいます。ぶすっとした顔をしながら運転するタクシー運転手さんがいれば、言葉遣いも、運転も非常に丁寧なタクシー運転手さんがいます。同じ仕事をしていても、暗い顔をして働いている人もいれば、明るい顔で働いている人がいます。

　その違いはどこから生まれてくるのでしょうか？　ぜひまっさらな目で見つめてみて下さい。そのあとで、あなた自身についても考えてみましょう。今の仕事をイキイキと取り組む考え方はありますか？　もう一歩踏み込んで、あなたがよりイキイキと働ける仕事はどのようなものがありますか？

　そういったことを考えていきましょう。

10章　理想のライフスタイルに向けて

——お金のプレッシャーを乗り越える〈2つの「試」〉

「Sketch Life」を中心とした新しい仕事は順調に動き始め、1対1のコンサルティングサービス、ワークショップ、オンラインコース制作、電子書籍発売など、次々と挑戦をしていきました。

特に電子書籍は好評で、1冊目にして、Amazon【総合】新着1位を取り、自己啓発部門やビジネス経済部門など8部門で1位を取ることができました。一時的ではありますが、今まで読んでいた著名な方々の本よりも、自分の著書が上位に表示されるのは、なんだかとても不思議な感じでした。「文章を書くのが好き」ということに気づき、ブログを書き始め、そのサイトが人気になり、そして、より本格的に文章を書こうと、電子書籍に取り組んでみたら、よい反響を頂戴でき、今はこういった形で、紙の本を書く機会をいただけている、というのはとても嬉しく、長い時間もがき続けましたが、天職に出会えたんだなぁとしみじみと感じています。自分の気持ちを素直に表現し、自分らしい仕事を情熱を持って行い、お客さんから感謝の表現としてお金を頂戴し、そういったやりとりに感動をしながら一歩ずつ前に進んできました。

しかし、怖いもので、いつしかその感動は、少しずつ当たり前のものへと変わっていきました。ビジネスを立ち上げたばかりの頃は、数千円頂戴できるだけですごく嬉しかったのに、その感覚は徐々に薄れて行き、ある程度まとまった金額を安定して受け取れるようになってくると、それが当然の状態となり、今度は「現在の収入を失う怖さ」を感じるようになりました。

人間って不思議なもので、そのときの状況に合わせて、感じ方が変わるものなんですね。ステージに合わせて、感じる欲求、恐怖が変わってきます。妻と子どもたちを養う身としては、「好きなことを仕事にする」という「情熱」だけでは足りず、「冷静さ」も持つ必要がありました。ご存知の通り「フリーランス」という働き方は「サラリーマン」と違い、給料という決められた金額を毎月受け取るということはありません。サラリーマンは、基本的に決められた日にち、決められた時間に会社に行かなければいけないという拘束はあるものの、反対に言えば、決められた通りに働けば、毎月安定した給料が入るし、未来に向かっても、ある程度の保証があります。一方、フリーランスは、どんなに毎日働こうが、どんなに朝から晩まで働こうが、成果がでなければ、来月の収入も来年の収入も保証されていないわけです。見えない未来に対する不安、平たく言うと「お金のプレッシャー」に打ち勝つために、「冷静さ」を持つ必要性を感じ、その対策として、僕は2つの「試」を積極的に行いました。

1つめの「試」は「試算計画」です。

プレッシャーを乗り越えるために、5年後の収入は見えないとしても、1、2年程度の近い将来における売り上げや収入の予測を立てることにしました。現状の売り上げがどういった経路で、どのような確率で発生しているのかを数字で把握し、それを未来に向かって、最適な状態にしていくために、どの数字をどのように改善していけばいいのかを考え、それが実現した場合の収入を「皮算用」していました。「取らぬ狸《たぬき》の皮算用」ということわざがありますね。捕まえてもいない狸の皮を売ることを考えて、売り上げを計算しても意味がない、といったような表現ですが、僕は、「意味がある」と思っています。**むしろ皮算用をしないで、狸を取りに行っても、何匹狸を捕まえればいいのか、というのがわからない限り、現在の行動量で足りているのか、現在の手段が正しいのか、という判断ができないからです。**僕は、「試算計画」という名の皮算用をすることで、気持ちを落ち着かせるようにしました。「大丈夫だ。未来に向かって明るい進路を辿っている」と試算計画を見ながら、自分に言い聞かせたのです。

試算計画

*数字は実際のものではなく、イメージです。

1）現在の状況：年間売上１２０万

月間	要因	変数	行動	数値結果
WEB ページビュー数	新規記事/記事更新	100,000		
バナークリック率	バナー	5%	クリック	5,000
メルマガ登録率	案内ページ	2%	メルマガ登録	100
購入率	案内方法	5%	購入人数	5
平均単価	商品価格	20,000	売上	100,000
品揃え	商品点数	1	平均購買数	1
売上				100,000

2）WEBページビュー数が２倍になったら：年間売上２４０万

月間	要因	変数	行動	数値結果	1）との比較
WEB ページビュー数	新規記事/記事更新	200,000			2倍
バナークリック率	バナー	5%	クリック	10,000	
メルマガ登録率	案内ページ	2%	メルマガ登録	200	
購入率	案内方法	5%	購入者	10	
平均単価	商品価格	20,000	売上	200,000	
品揃え	商品点数	1	平均購買数	1	
売上				200,000	2倍

3）１年後に目指す状態：年間売上７２０万

月間	要因	変数	行動	数値結果	1）との比較
WEB ページビュー数	新規記事/記事更新	150,000			1.5倍
バナークリック率	バナー	7%	クリック	10,500	1.4倍
メルマガ登録率	案内ページ	3%	メルマガ登録	315	1.5倍
購入率	案内方法	6%	購入者	19	1.2倍
平均単価	商品価格	20,000	売上	378,000	同等
品揃え	商品点数	3	平均購買数	1.6	1.6倍
売上				604,800	6倍

２つ目の「試」は文字通り「試す」です。とにかくたくさんのことを「試す」ようにしました。先ほど書いたように、ワークショップやオンラインコース、電子書籍といった新商品や新サービスに挑戦していくだけでなく、水面下で細かい「試す」を繰り返しました。例えば、メルマガ登録ページのバナーを定期的に変更して、どのデザインがクリックされるか試してみよう、とか、Instagramが流行っているから、とりあえず自分に合うかどうか試してみようなど、気になるものは手を出す、同じ状態で続いているものは、「変化させる」「試す」ということを意識的に行いました。もしかしたら、エネルギーが分散してしまったり、無駄なカロリーを使ってしまったりしているだけ、かもしれません。それでも、「試す」ということを続けた方がいいと信じました。

その理由は、論理的に考えても、完璧な正解を導き出すことはできないからです。誰かの正解を真似したところで、自分も正解にたどり着ける保証はないわけです。**当たるかどうかもわからないのであれば、とにかくバットを振る回数を増やすことを意識しました。**中には悪い結果をもたらすものもありました。でも、それでも気にせずバットを振り回し続けました。僕は起業する前に、とある先輩に「メルマガ読者が１０００人いたら、一生安泰だよ」と言われました。そのとき、それを信じて、メルマガ読者さんを１０００人にしたいと思いました。

でも実際に１０００人を突破しても、一生安泰、なんてことはなかったんです。「●●があったら、一生安泰」「●●があったら、もう大丈夫」というような安定の道なんて、存在しないんだと実感しました。会社員だから、毎月給料が安定していると思っても、いつか突然、給料を下げられたり、解雇されたりする可能性だってあるわけです。そう考えたら、安定の道を選ぶことは、すごく難しいと思います。**自転車を止めたまま、倒れずに乗ることは難しいのと同じです。自転車は走るから、倒れることなく進めるんです。だから僕はペダルを漕ぎ続けることで、プレッシャーから乗り越えようと思いました。**

自分らしい人生を送りたい、自分らしい働き方をしたいと思った場合に、多くの人が「お金のプレッシャー」にぶち当たると思います。実際、僕もぶち当たりました。そのときは、ぜひこちらの2つの「試」をやってほしいと思います。見えないから、不安になるんです。よくわからないから、怖くなるんです。だからまずは「試算計画」をすることによって、可視化しましょう。どの程度働いて、どの程度利益を出せば、養うことができるのかを書き出していくのです。

そして、試算をしたら、行動あるのみです。「取らぬ狸の皮算用」は、狸を取りに行かないことが問題なんです。計画を立て、それに合わせて、行動をする、上手くいったら、上手く行った理由を検証する、上手くいかなかったら、なぜ上手くいかなかったのかを検証する、そういう風にやっていけば、だんだんと数字は改善され、収入が上向きになる、という手応えを感じることが大事です。

ただ、計画はやはり計画で、計画通りに行くことは本当に稀です。計画と異なる結果になって、落ち込むこともありました。でも、本当は落ち込む必要なんてなかったんです。**肝心なのは、計画を立てること、そして、それに向けて、行動すること。結果は二の次でいいんだと思います。結果が計画通りにいかないことに対して、落ち込んでいる時間があったら、試し続けましょう。**

行動を続けていくうちに、だんだんと自分の中で、自転車がフラフラすることなく走ることができるようになりました。（もちろん、未来のことはわかりませんが）ここまでくれば、場所に縛られず、どこに住んでもいいと確信できるようになったのです。プレッシャーを乗り越えて、また一歩成長した自分を感じることができました。

問いかけ

59　あなたが「あなたらしい人生」を送るためにプレッシャーに感じることはなんですか？

(60) それを乗り越えるために、あなたはどんな「試」ができるかを考えてみましょう。

(61) 大切なことは「何度も」だと思います。1回の「試」でプレッシャーを乗り越えることはできないと思います。1回ではなく、10回、100回できる方法を考えてみましょう。

――一度も訪れたことのない石垣島へ移住した理由

ついに場所に縛られることなく、自分たちが好きなところに住んでも大丈夫だと感じられるようになりました。

「夫婦ノート」に書いてあった「海沿いの暖かいところ」が現実のものとなる日がきたのです。妻と一緒に日本地図を開いて、どの辺の海沿いが暖かいかなぁと想像しながら、いくつか候補地をあげました。

僕たちは旅行好きで、よく飛行機に乗ること、また僕の仕事の関係で、定期的にお客さんに直接会うために、飛行機に乗りたいこと、という理由で「近くに空港があるところ（できれば国際線が飛んでいるところ）」という条件を追加して探したら、当時は、那覇と石垣島の2箇所しか見つけられませんでした。

「さて、どちらにしようか？」と妻と話し合いが始まります。那覇は何度か訪れたことがありましたが、石垣島は一度も訪れたことがありませんでした。そういう意味では、僕たちにとって安心なのは那覇です。

でも僕たちは、石垣島を選びました。「そっちの方が面白そうだよね」という結論でした。**未知なことは確かに不安です。ドキドキします。でもその未知の道を踏み込んでいくから面白いことに出会えると僕たちは感じていました。**２人ともアフリカで2年間ボランティアをしていたし、香港に住んだ経験もあるから、不安に押しつぶされることなく、「水道と電気があれば別にどの物件に住んでもいいよね。引っ越してみて合わなかったら、また違う物件を探しても楽しいよね」とラフに決断できたんです。

そのため、引っ越し前の下見も、物件の内見もすることなく、不動産屋さんのオススメされた物件で契約し、石垣島へ引っ越すこととなりました。実はこのとき、ファミリータイプの空き物件が石垣島にはなく、香港帰国後に1年間だけ仮住まいしていた東京のマンションは、早々に解約済みだったので、一時期「家なき家族」になりました。引越し屋さんに、「なるべくゆっくりと、東京から石垣島へ荷物を運んで欲しい」と他の人が頼まないような頼み事をして、僕たち家族は、新居が整うまでの数週間、東京から、タイ、香港、石垣島と旅行をしながら引っ越しました。おかげで旅行しながらでも仕事ができる自由度や自信を実感することができました。少しバタバタしましたが、息子の小学校入学式の前日には石垣島に入ることができました。

引っ越しの前に、友人の勧めで、東京で開催されている石垣島移住フェアに参加しました。同じく石垣島へ移住希望する人が参加者として集まる会でした。そこで、とある男性が、このような質問をしていました。「石垣島に仕事はありますか?」それに対する回答が、現地の状況などを伝えた上で、今の給料水準を保つのはなかなか難しいでしょう、ということでした。男性とご家族は肩を落としていました。その回答だけで、石垣島移住は諦めてしまったような様子でした。

何か新しいことをやろうとしたら、目の前に困難や壁があるのは、むしろ当たり前なことだと思います。それを前に、試すこと、挑むことをやめていたら、目の前にそれらは立ちはだかり続けます。「●●がないから無理」と誰かが言ってこようが、それをどう判断するかは、あなたの自由です。今仕事がないなら、仕事は作ればいいんです。むしろ、仕事がないわけないんです。そこに住んでいる人がいる、そこに生きている人がいるということは、そこに経済があるわけで、そこに仕事があるんです。一般的な見解、常識、データ、誰かのアドバイスそういったものは一旦置いておきましょう。

大事なのは、「あなたがどうしたいか?」です。そしてそれを現実のものに変えるために、「何ができるか?」です。「何ができるか」のアイディアをいくつか出して、出たアイディアを片っ端から試していけばいいんだと思います。「転職は何社まで」「転職は何才まで」とかそういった話を耳にすることがありますが、それを気にして、そんなことを尊重して、自分の意思に制限をかけても実は意味がないんです。あくまでデータとして、一般的にそういう傾向があるというだけです。僕たちの人生は僕たち1人ひとりが決めていいんです。

前述の通り、僕たちは一度も旅行にも下見にも行くことなく、石垣島に移り住みました。結果は「大当たり」でした。自然は豊かで気候も良く、住んでいる方々も優しく、素晴らしいところでした。永住したいくらい最高の場所です。たまたま大当たりを引いてしまいました。でも仮にハズレだとしても別によかったんです。それはそれで一つの経験、また次のトライをするだけです。

あまり細かいことを恐れずに試して欲しいと思います。

問いかけ

(62) あなたが今、一番住みたいところはどこですか？

(63) なぜそこに住んでみないのでしょうか？

⑭どうすれば、壁や困難を追い払って、実現できますか？

「あそこに住みたい」と思っても、住んでみないとわからないものです。住んでみて、違うことを感じたら、また別のところに住んでもいいと思うんです。問題なのは、「●●したい」と思うのに、やらないで置いておくことです。別に1ヶ月だけ住んでみたっていいと思うんです。

——理想の1日を手に入れる方法

石垣島に引っ越しをして、平日は子どもたちが学校に通いはじめました。妻も自分の興味に合わせて、マッサージや英語の仕事を始めることになりました。「夫婦ノート」に妻が「マッサージの勉強をしたい」と書いていたので、石垣島に引っ越しをする前の東京仮住まい中に、妻をタイに1ヶ月送り出すことができました。

妻が1ヶ月タイに留学していて、子ども2人の面倒を見ながら仕事をしている、と言うと周りに驚かれました。おそらく多くの人が考えている家庭像と異なる行動を取っているからだと思います。でもこうやって少しずつですが、僕たちがやりたいと思う生活を、創り上げていくことができるようになってきました。

まだまだ僕自身「既成概念」にとらわれていると感じていますが、それでも、「父だから」「母だから」「夫だから」「妻だから」といった役割に必要以上に縛られることなく、1人ひとりが気持ちよく生きられるようになってきているような気がします。そんな家族環境の中、僕の日常も石垣島に来て、変化しました。

数年前に僕がノートに描いていた「理想の1日」というのが、現実のものとなったのです。もちろん日によって違いますが、こんな感じの1日です。（左ページ参照）

自分のペースを大事にし、気持ちよく、かつ効率的に仕事をし、仕事だけで1日が終わるのではなく、家族との時間や体を整える時間などを取ることができるようになりました。この時、大事なことは、数年前に、この「理想の1日」を描いていて、それが「現実のものになった」ということです。

あなたにもぜひ「理想の1日」を考えて欲しいと思います。「理想の1日」というのは、パーティーとか旅行とか、そういった非日常の1日ではなく、毎日繰り返し行われる日常の1日で、あなたが理想と考える1日をさしています。

毎日淡々と行うんだけど、それが心地よいと感じる理想の1日がどんなものなのか、という詳細を描いていきます。

もちろん、毎日必ず一定ではありません。お客さんと会って食事をする時もありますし、

5:00 — 5:30	起床　軽いストレッチ、瞑想など
5:30 — 7:00	仕事　集中できる朝の時間はクリエイティブな仕事
7:00 — 9:00	家事　朝食　ミキサーでスムージーを作り、子どもを送り出し、家事をする
9:00 — 10:30	仕事 主にルーチンワーク
10:30 — 12:00	運動　海で泳ぐ or ジムで筋トレ
12:00 — 13:30	昼食　家で妻と昼食、もしくは海の見える場所で食事
13:30 — 15:30	仕事　未来につながる仕事を考える
15:30 — 17:00	子どもと遊ぶ、読書、仕事、夕日を見ながら１杯（２杯？）
17:00 — 19:00	家事　入浴　子どもと一緒にお風呂にはいる
19:00 — 20:00	夕食　家族みんなで食事
20:00 — 21:00	家事　寝る準備
21:30	消灯

毎日筋トレを行っても筋肉が壊れてしまいます。ただ、まずはベースとなる理想の1日をつくり、その上に、その時の予定、体調、気候、興味などに合わせて少しずつ変化させていくのです。

あなたもぜひこの理想の1日を考えてみてください。これが見えれば、あなたがどんな場所で生活をしたいのか、どんな仕事をしたいのか、どんなライフスタイルを好んでいるのか、というのがわかってくると思います。

自分と向き合って、どんなことを考えているか、どんなことを感じているかというのを探って、ノートに書き出す、というのはとても地味な作業です。

しかし、これをやって初めて、自分の個性、好み、望みが見えてくると思うんです。これが見えないから、「他人の夢」があなたの前にチラついて、魅力的に感じてしまうんです。「ハワイに住みたいです」「プール付きの高級マンションに住みたいです」「世界中を飛び回るビジネスマンになりたいです」「お手伝いさんを雇いたいです」「不労所得で悠々自適に過ごしたいです」そういった話をよく聞きます。

もちろん今あげたいくつかの例が、本当にあなたの夢である可能性もあります。ただ往往にして、他人の夢の場合が多いんです。もう一歩踏み込んで、もう少し具体的に考えて欲しいと思います。「本当にそういう生活をしたいのでしょうか？」例えば、「不動産をたくさん所有して、不労所得で悠々自適な生活を手に入れて、ハワイに移住したい」と思っても、では、ハワイでの「理想の1日」というのはどういうものなのでしょうか？　朝から晩までサーフィンしている人はいないと思います。毎日お酒ばっかり飲んでいたら体を壊してしまうかもしれません。でも漠然と「ハワイで悠々自適っていいなぁ」とただ思ってしまうんです。多くの人は、今「忙しすぎる人生」を送っています。だから、のんびり、悠々自適に、ハンモックに揺られながら、とかそういった生活を夢見ます。ここで、「本当にそうなのか？」というのをもう一歩踏み込んで考えて欲しいなぁと思うんです。アフリカでやることがなくて、疲れてもいなくて、眠れない夜を過ごした、というような話を以前しましたが、本当は、時間は膨大にあるんです。ただのんびりしたい、ただゆっくりしたい、と漠然に思うのではなく、**「あなたが生きていきたい人生というのはどういうものなのか？」その時、「理想の1日はどんなタイムスケジュールなのか？」**というのをじっくりと考えてみてください。

あなたの答えは他の誰かとは違うものになるはずです。僕の理想の1日とも違うものになるはずです。そこに優劣も正誤もありません。ぜひあなたの内側から抽出してみてください。僕は、ここまで15年程もがいてきて、やっと自分なりに納得のできる生活が送れるようになりました。

問いかけ

(65) あなたの理想は何時に寝て、何時に起きることですか？

(66) 起きている時間は、どんなスケジュールで生活するのが理想でしょうか？

ぜひあなたの理想の1日を具体的に考えてみてください。

クエスト：量は質を超える

理想のライフスタイルを手に入れるために必要なこと、それは「試す」ことだと思います。試してみないことには、わからないんです。いくら知識を入れても、頭でっかちになるだけで、行動しないとわからないんです。だからたくさん試して欲しいんです。いきなり「当たり」を引けるかわかりません。質を求めるのではなく、量を求めてください。

例えば「起業資金500万円あります。何をしたらいいですか？」と聞かれたら、僕は50万円で10回チャレンジできる方法をお勧めします。好打者の3割バッターだって、7割は失敗するんです。今回はあなたのトライアルリストを作ってみましょう。以下の難易度からお好きなものを選んでやってみてください。

1　難易度高　「毎日」何か一つ新しいことを試す

2　難易度中　「毎週」何か一つ新しいことを試す

3　難易度低　「毎月」何か一つ新しいことを試す

60個試そうと思ったら、「1」は2ヶ月「2」は1年ちょっと、「3」は5年かかります。

さて、あなたはどのトライアルリストを作りますか？

＊注意「取らぬ狸の皮算用」ではダメですよ。

第 4 部

みんなでレールを作ろう

11章　仲間とともに生きる

——僕が「コミュニティ」をはじめた理由

石垣島へ引っ越しとともに、新しく「コミュニティ」サービスを始めました。コミュニティと言われてもイメージがつかないかもしれませんね。一定の価値観を共有するメンバーの集まりのようなものです。

僕が創設したコミュニティでは、「自由で楽しい人生をクリエイト」というスローガンを掲げさせていただき、「自分らしく生きたい」「自分らしく働きたい」と考える人たちが参加し、オンライン・オフライン問わず交流をして、一緒に人生を変えていくというものです。

名前は「Sketch Life Academy」略してＳＬＡとしました。オーナーである僕は、メンバー限定サイトに、多数のコンテンツを制作し公開したり、オンラインでいつでも僕やメンバーに相談や質問できる場所を用意したり、月に１回程度、僕が全国各地を訪れ、一緒に食事をして交流を深めたり、といったようなサービスを用意しました。このコミュニティのサービス内容は、メンバーの希望を聞きながら、少しずつ変化しています。

このコミュニティですが、実は、当初はやるかどうか悩んでいました。東京にいる間に、他のコミュニティにいくつか参加させてもらって、自分だったらどういう風にやるか、というのを考えつつも、「本当に自分がやるか？」という一歩が踏め出せないでいました。

そんな時、僕のブログやメルマガを初期の頃から読んでくれている中島由美さんから「ぜひやってほしい。私も応援したい」という心強い言葉をいただきました。埼玉で一緒に食事をしている時のことでした。

その言葉に勇気をもらい、スタートしました。彼女にお願いして、コミュニティメンバー限定で参加できるFacebookグループの管理人になってもらい、お手伝いをしてもらうことにしました。コミュニティを始める前までは「お客さん」と「僕」という1対1、「直線」のようなイメージだったのですが、それを「メンバー」「仲間」のつながり、その中にいる「僕」という「円」のようなイメージに変えることにしたのです。

今までは、自分らしさとは何だろうか？自分のことを素直に表現して、働く方法はどんなものなのだろうか？　と「自分」に意識をフォーカスしていました。

自分との対話を行い、昨日の自分を越えるために、どうすればいいかを考え、愚直に行動し、サービスや商品の質をあげることを考えていました。お客さんのことを考えながら、商品やサービスづくりをしていましたが、根底にあったのは「自分」だったんです。それが僕が考えていた自由の姿、父が言うような「自分に理由がある」という姿だったのです。

でも、実際にそういう状態にたどりつき、ある程度、自分を表現でき、自分が当初描いていた理想の状態に近づいてきたときに、求めた姿は、「１人」ではなく「つながり」だったのです。**「自分に理由がある自由」という状態を少し超えて、同じような価値観を共感するメンバーと共に「自分たちに理由がある自由」「仲間と共有しあう自由」という状態になりたいと思ったのです。**

１人ではできないことってたくさんあると思います。でも僕たちは、「１人でなんとかしなければ」って思っています。世の中の「夫婦喧嘩」の原因の多くはここにあるのではないかと思っています。

例えば、お父さんが働いていて、お母さんが専業主婦をされている場合、お父さんは「自分が家族を養わないと」と１人でその責任を背負いこんで、朝から晩まで仕事をします。家族のためを思って、働きに行って、夜遅く帰ってくると、お母さんに愚痴を言われます。愚痴を聞きたくないから、仕事終わりに飲みに行って、家に帰るのを遅らせようとします。お母さんは、家のこと、子どものことを、お父さんに相談しても聞いてくれないから、1人でなんとかしなければって思って、ストレスを抱えます。そして、お互いが、「あいつはわかってくれない。私はこんなに大変なのに」って思っています。お恥ずかしい話、僕もそういう傾向にあって、妻とケンカすることがあります。

僕が1人で溜め込んで不機嫌になるのが原因です。本当は少しずつ一緒に分かち合うのがいいんですよね。言い訳になってしまうかもしれませんが、「この1人でなんとかしなければ」という考え方は、「受験」や「テスト」などから、僕たちに住み着いた価値観なのではないかと思います。

これらは「1人の力」が問われるタイプのものです。テスト中に、仲のいい友達に答えを教えてもらったら、カンニングになってしまい、「他人の力に頼るな、自分の力で答えを考えろ！」と怒られます。

でも、実生活では、頼ってもいいんですよね。**1人で何か困難に向き合う必要なんて本当はなくて、夫婦が力を合わせて乗り越えていけばいいし、家族という枠にとらわれず、周りの人たちと力を合わせて、取り組んでいけばいいんですよね。**そんなことを改めて学びたいし、そんなことをみんなで体現したくて、コミュニティというサービスをはじめることにしました。

イラストが得意な人、写真を撮るのが得意な人、パソコン関係に強い人、お酒に詳しい人、医薬品に詳しい人、経済に詳しい人、ＤＩＹが好きな人、販売に詳しい人、占いができる人、農業に詳しい人、腸や心を整えて豊かな生活を送っている人、バレーボールが好きな人、ソフトバレーボールに詳しい人、お酒造りが好きな人、思考のクセを大好転させる人、人と接するのが好きな人、優秀なエンジニア、科学の見識が深い人、栄養に詳しい人、身体をキレイに整えるのが得意な人、数秘学に詳しい人、字を上手くする方法を知っている人、青色が大好きな人、いろんな人たちが集まって、みんなで手を取り合って、「自由で楽しい人生をクリエイト」するコミュニティが動き始めたんです。

問いかけ

67　あなたは「１人でなんとかしなければ」と思っていることはないですか？
それをぜひ１人で抱え込むのではなく、相談してみたり、頼ってみたりするのはどうでしょうか？

――青と赤を混ぜると何色になるの？

「1人でなんとかしなければ」という言葉をトリガーにして、僕の記憶の中からこんなエピソードが蘇ります。小学生の頃、校長先生が朝礼で話していた「天国と地獄」というエピソードです。

少しだけこのお話をさせてください。天国と地獄では、同じ量のご飯が「非常に長い箸」とともに配られます。同じ量が配られているのに、地獄の人だけ、いつもお腹をすかせている話です。それは「なぜでしょうか？」という校長先生からの「問いかけ」がありました。

あなたはなぜだと思いますか？　答えは、地獄の人は、他の人にご飯を取られないよう急いで、長い箸を使って、自分の口に運ぼうとして、下に落としてしまう。一方、天国の人は、みんなで協力しあって、長い箸を使って、相手の口にご飯を届けていく、というようなエピソードでした。自分のことばかり考えず、みんなで協力しあっていきましょう、という「ありがち」な校長先生の話だったんですね。

「ありがち」ですよね。「人と協力する」そんなの当たり前のことだって、あなたは思いますか？　当たり前のことが当たり前にできたら解決することって、すごく多いと思うんです。そうは思いませんか？

少し脱線しますが、子どもの頃教わることって、すごく大切なことが多いと思うんですね。例えば、朝は笑顔で挨拶をしましょう、相手に嫌なことをしてしまったら、素直に謝りましょう、相手の話はしっかりと最後まで聞きましょう、ご飯は感謝して食べましょう、みんなで協力しあっていきましょう、こういった「当たり前」のことがみんなで当たり前にできたら、もっと楽しい世の中になると思うんです。

誰かと協力する、単純なようで、これが結構難しいんです。僕はその原因は「自立」していないからだと思うんです。ここまでお話をしてきた通り、僕は以前会社員でした。そして自分の個性を隠しながら、辛いなぁと思って働くことが多かったんです。なぜなら自立していなかったからです。

自立というのは自分の足で立つ、と書きますね。会社員の頃は、自分の足で立っていなかったんです。会社や上司に寄りかかっていたんです。だから会社や上司が「青」だと言えば、仮に僕が赤色だとしても、そこに「青」の仮面を被らなければいけなかったんです。青と赤を混ぜても、混ざらず、青になってしまっていたんです。その後、僕が個人事業主のフリをして会社で働くようになったら、少し様子が変わってきました。

自分の赤を主張できるようになったんです。この時の僕は、自分の足で立つのが精一杯だったので、青と赤を混ぜて紫色にするということはできず、青を退け、赤を主張していたんです。混ざり合っていなかったんです。**「協力する」というのは青と赤を混ぜて紫色にすることなんだと思います。**自分が何色なのかというのを知っていて、自分の足で立って自立した上で、それでも一人で背負いこむことなく、自分だけを主張しすぎることなく、柔らかい気持ちで、相手の違う色を尊重し、そして、相手と自分が持っているそれぞれの色とも異なる結果、異なる色を生み出していくことなんだと思います。「青が正しい」「いや、赤の方が正しい」と言い争いになるのではなく、「青もいいよね」「赤もいいよね」と認め合った上で、「2つを混ぜてみたら、どんな色になるかを試してみない？」というソフトな考え方なんだと思います。

こういったことを学び、実践していくと、人生ってもっともっと素敵なものになると思います。僕もまだまだトライアル中です。

美しい紫色を生み出す前に、まずは自分の色を見つけることが必要です。**「自分らしく生きる」というのが第1ステップで、その上で、「気持ちよく誰かと生きる」という第2ステップがあると思うんです。**「自立」の上に「共生」があるんです。この前提条件を飛ばして、「自立」を無視して、「共生」に行こうとしちゃうから、「このままでいいのかな？」「自分の人生を生きている気がしない」という感覚になっていたんだと思うんです。

「自立」のない「共生」をしてしまっているのであれば、まずは一旦孤独になって「自立」を目指し、そして、自分の色が見えてきたら、少しずつ自分の主張を和らげて、「共生」の道を歩んで行けばいいのではないかと僕は思っています。僕の主観なので、正しいかどうかはわかりません。

でも僕はこう思っています。

あなたはどう思いますか？　この本は、冒頭でもお伝えしたとおり、あなたの答えを考える「きっかけ」作りです。だから「あなたがどう思うか？」を考えるのが大事です。あなたはどう思いますか？　**どうやって自分の個性を尊重しながら、相手と協調、協力していくのが良いと思いますか？**

あなたなりの考え方をぜひ書き出してみてください。

ここまで原稿を書いてきて、僕は不器用だったんだなぁ、というのを感じています。もしかしたら、みんな子どもの頃に、自立と共生というのを同時に学んでいたのかもしれません。自分がやりたいことをグループの中で主張をしながらも、折り合いをつけて協力していく方法を身につけていったのかもしれません。僕は不器用だったので、同時には学べず、自立を第1ステップ、共生を第2ステップとして分けて考える方がわかりやすいと考えました。あなたはどう思いますか？　あなた自身はどうですか？　今の人生の問題点を

「自立」と「共生」という2つの視点に分けて考えると、取り組むべきことがわかるんじゃないかなぁという気がしています。

問いかけ

(68) あなたは「自立」できていると感じていますか？「自立」のために何ができるか考えましょう。

(69) あなたは「共生」できていると感じていますか？「共生」のために何ができるか考えましょう。

どちらから取り組みますか？　それとも同時に取り組みますか？

僕のオススメは①「自立」②「共生」の順番です。あなたはどう思いますか？

——あなただけの旗を立てよう

矛盾しているようなお話ですが、仲間と共に生きる、誰かと協力しあって楽しく生きるためには、「あなただけの旗」を立てるのがいいと思うんです。周りに合わせよう、みんなと仲良くいようと、仮面を被って八方美人になっても、残念ながら、そんなに仲良くなれないんです。

そうではなくて、「私はこうしたい」「私はこうありたい」というのを、はっきりと素直に表現してくれる方が、仲良くなれるもんなんです。**いびつな形ではダメで、綺麗な丸にならないと、って僕は思い込んでいましたが、本当は違っていて、いびつな形を素直に表現できるのがいいんです。**だから、あなたの旗にどんな模様が描かれているのか？　あなたの船はどこに行こうとしているのか？　というのを考えて、周りに表現することが大切なんだと思います。あなたの求める理想、ビジョンを明確にして、それを周りに見せていくことで、離れていく人も現れますが、近づいてくれる人も現れると思います。

そうやって、人と人は結び合うんだと思います。子どもの頃、「鬼ごっこしたい人この指とまれ」とか「かくれんぼしたい人この指とまれ」って言ったことはありますか？

僕は正直あまり記憶に残っていません。引っ込み思案だったんです。怖かったり恥ずかしかったりしたんだと思います。だって「この指とまれ」と言って、誰もきてくれなかったら、嫌ですよね。格好悪いですよね。時が経ち、大人になった僕たちは、1人ひとりやった方がいいと思うんです。もちろん「●●したい人この指とまれ」と言うのは、目立つし、ちょっぴり恥ずかしいです。後ろ指をさされることもあると思います。ただこれをやる必要があると思うんです。

すごくいいことに今の僕たちにはインターネットという技術があります。今までは生まれ育った場所、たまたま入った学校や会社の中でコミュニティは形成され、そのコミュニティの中の常識が正解で、それ以外の意見、考え方は認められにくい、その常識、その正解に歩調を合わせて生きないといけない、という傾向にありました。時は流れ、インターネットが普及し、僕たちは、今まで会ったこともない遠くの人と交流をすることができるようになりました。

学校の中、会社の中では、賛同してくれる人、興味を示してくれる人がいなくても、日本中に発信すれば、必ず見つかります。日本語以外の言葉で発信していけば、さらにその交流を広げていくことができます。これはすごいことです。

会社員の頃、自分の本心を周りに表現すると「もっと丸くなれ」「世の中なんてこんなもんだ」と言われてきました。

だから自分の考えは、ちょっぴり変なんだ、と思っていました。なので、できるだけ隠すようにしていました。その素直な気持ちをブログで表現したら、まだ会ったこともない人が、共感して、連絡をしてくれるようになりました。時には僕の有料のサービスを申し込んでくれるようになりました。

コミュニティを立ち上げると、僕のメッセージに共感した人同士が集まるようになりました。同じような価値観を持った人が集まっているので、仲良くなるのはすごく早いです。そして、その人たちが今度は「僕抜き」で交流する場を持ち始め、また新たな何かを始めようとしています。これってすごく面白いことだと思うんです。**きっと、あなただけではないです。多くの人が、本当はもっと素直に表現したいと思っていて、もっと素直に表現できる相手や場を探しているんだと思います。**でもそれが少し面倒くさかったり、恥ずかしかったり、怖かったりするだけなんだと思います。

だから少しだけ勇気を振り絞って、あなたの旗を打ち立ててみませんか？　僕が最初は自分と妻だけにメルマガを送っていたように、誰も読んでくれないと知りつつもブログで本心を綴り始めたように、あなたも素直なあなたのメッセージを発信してみませんか？続けて発信していれば、きっと共感してくれる人がいると思います。

問いかけ

(70) あなたはどんなスローガンやメッセージに共感しますか？

(71) あなたはどんなスローガンやメッセージを世の中に発信しますか？

ちなみに僕が掲げているのは、以下のような感じです。

「Sketch Life」（理想の人生を描いて、その人生を手に入れよう）

「地球は豊かで、人生は本来もっと楽しい」（Sketch Life 副題）

「自由で楽しい人生をクリエイト」（Sketch Life Academy スローガン）

共感したら、いつでもメッセージしてください。こうやって人と人はつながっていくんだと思います。

クエスト：この指とまれ

あなたと人生を共にする友達、あなたの価値観やビジョンに共感してくれる仲間を探しませんか？　どういう場所にそういう人がいると思いますか？

サークル、ミートアップ、コミュニティ、交流会、ツイッター、インスタグラム、ブログ、本、講演会、コンサート、ライブいたるところで探してみましょう。

探したら、あなたの気持ちを素直に表現しましょう。

あなたはどんな自己紹介をしますか？

タイミングができたら、勇気を持って言いましょう。「●●したい人、この指とまれ！」

「私と一緒に●●しませんか？」この一言が、相手とあなたの人生を変えます。

12章　みんなが幸せになる「三方よし」の考え方

——絵の描けない僕が、絵本の夢を叶えるまで

ある年末のことです。メルマガ読者さんと忘年会をすることにしました。

でも単に忘年会をしても面白くないと思ったので、「予祝会」というのを開くことにしました。「予祝会」というのは、「予め（あらかじめ）祝う会」のことです。古くから日本人がやっていた春の「花見」は、秋の収穫で豊作になるのを予め、前もってお祝いをするというものでした。すでに収穫がたくさんできていることを想像して、先にお祝いをしてしまうんです。非常に面白い考え方だったので、企画することにしました。

参加者1人ずつに、色紙とペンを配り、「来年達成すること」をそこに描いて、それを順番に発表し、みんなで「おめでとう」と乾杯する、そんな会です。その予祝会で、主催者である僕も、「夢」を色紙に描くことにしました。「何を描こうかな？　僕の夢ってなんだ

ったかな？」と記憶を遡ると、29歳の時、アフリカから日本に帰国する直前に、友人１人に催してもらった送別会を思い出しました。

送別会といっても、相撲が得意な男友達と２人で、夜空の月明かりの下、外で一緒に火をおこして、肉をひたすら食い、お酒を飲み続けるという会でした。一通りバカ話をして、盛り上がってきた時、相手がこんな質問をしました。「Ｍａｏの夢って何なの？」と、その時、なぜか僕は「絵本を出したい」と答えていました。アフリカにいる時に時間があったので、よく絵を描いていたからかもしれません。とにかく、その時「絵本を出したい」って答えていたんです。ちなみに僕の絵はめちゃくちゃ下手くそです。８歳の息子の方が上手い絵を描くくらい下手くそです。記憶の片隅にあった夢のエピソードが「自分の夢は何か？」というたった１つの質問から思い返されたのです。だから、予祝会では、「絵本を発売する」という夢を色紙に書きました。

正確には以下のように書きました。

「**２０１８年11月11日　これから出会うステキなイラストレーターさんと絵本を発売します。ありがとうございます**」

絵本を出したかったけど、絵は下手くそだとわかっていたので、イラストレーターさんと一緒に絵本を出そうと考えました。「１人の力」ではなくて、「赤」と「青」を混ぜると

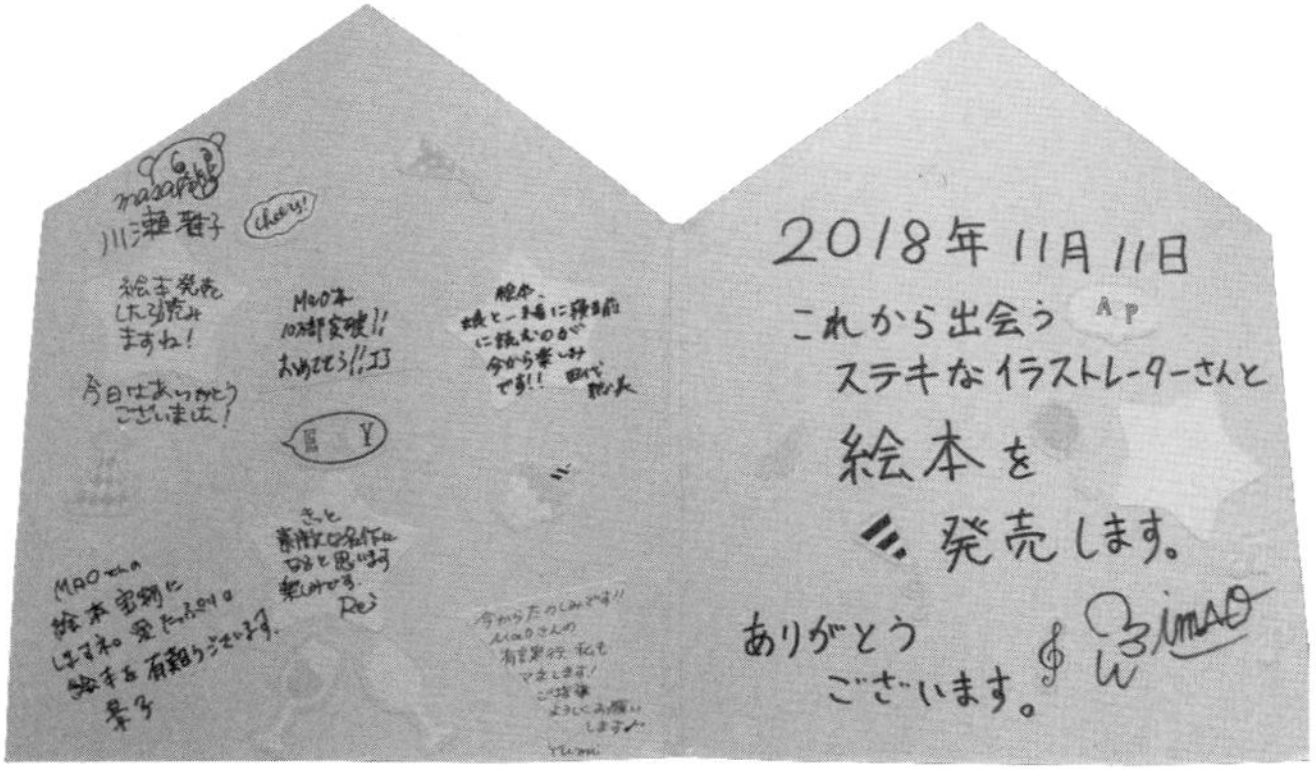

2017年予祝会にて作成した色紙

どんな色になるかなぁと考えていた頃だったので、そんな決意にしました。２０１７年12月のことでした。

そんな時、奇遇にもこんなメッセージが手元に届きました。

「まおさん初めまして。メルマガ読者の草野と申します。イラストレーターとＷｅｂデザイナーをしております。（中略）これから、どうぞ宜しくお願いいたします」

運命なのではと思い、草野さんを早速ランチにお誘いして、「1円にもならないかもしれませんが、絵本を一緒に出しませんか？」と声をかけさせてもらいました。草野さんも以前から絵本を発売する夢をお持ちだったので、意気投合して、絵本プロジェクトが無事スタートしました。

当然ですが、２人とも絵本を描いたことはありません。出版社さんとのつながりもありません。絵本を作るのにいくらかかるか、どうやって発売すればいいのか、わからないことだらけでした。

それでも始動しました。**方法がわからなくても、動き続ければ、夢は実現する、**そういう風に感じていました。そして、そこから1年数ヶ月ほどで、絵本は多くの方の手元に届きました。

予祝会で描いた夢は、数ヶ月遅れで実現したんです。

「準備が整うまでできない」と多くの人が思っています。でも本当はそんなことなくて、とにかく動き続ければいいんだと思います。「準備が整うまで」と考えていたら、絵本の夢は10年後になっていたかもしれません。そうではなく「1年で絵本を発売する」と決めて動いたから、1年数ヶ月で達成できたんです。草野さんと初めて会った日から「できるところから始めよう」と考え、まずはストーリー作りに着手しました。

あまり説教くさくないんだけど、読み終えた後に勇気や希望が持てる、そんな作品にしたいなぁと思って、「テーマ選定」を行ったんです。

子ども達と一緒にお風呂に入ったり、寝る時に枕元でお話をしたりする時に考え、子ども達の反応を見ました。「カエル」と「男」が出会って、２人の人生をカエルお話とか（草野さんがカエル嫌いなためボツ）、海底で、若くして王様になることに、不安になったエイを、友達が「エイエイオー」と勇気付ける話とか（単なるダジャレなのでボツ）、色々と考えました。一生に一度かもしれない絵本を作る機会、悩んだ末に、僕の人生を支えているものをテーマにしようと思い、アフリカのマラウイを舞台にし、「Sketch Life」とも通じるように『スケッチブックの冒険』という作品にすることにしました。

描けばなんでも叶う魔法のスケッチブックを持った少年が、動物達の夢を叶えていくというお話です。僕が人生を通じて、多くの人に伝えていきたいこと、それは「描けば叶う」です。ノートやスケッチブックに夢を描けば叶う。自分には無理だと諦めるのではなく、未来に希望を持って生きて欲しい。そう思って、描けば叶う魔法のスケッチブックを登場させることにしたんです。

絵本の世界なので、「魔法」のスケッチブックにしたのですが、この話のクライマックスは、実話を元に描いています。

絵本では、魔法のスケッチブックに「風車」を描き、その風車が回ることで、電気のないアフリカの村に灯りがともるという話です。しかし、実際には、僕が住んでいたマラウイ共和国で、廃材を使って風車を作った少年がいるんです。「そんなの無理だ」「ヤメておけ」と周りに言われながらも、風車を作ってしまうんです。ウィリアム・カムクワンバさんという方です。僕の絵本の発売後に、ウィリアムさんを主人公にした話が映画化され、日本で上映されました。『風をつかまえた少年』という映画です。（映画化の際に、ご本人が来日し、日本マラウイ協会の方々も参加されたパーティの席で、この絵本が紹介され、英語化や現地の言葉、チェワ語化をして広げたい、というような話も上がったそうです）

何が言いたいかというと、「**魔法のスケッチブックなんてなくたって、描けば夢を叶えることはできる**」ということです。そんな想いを絵本に込めて制作させていただきました。

世の中には可能性が溢れているんです。あなたの未来も可能性が溢れているんです。以前も書きましたが、この本を読めている人は、日本語を読む能力を持っています。この本を買うお金がある可能性も高いです。おそらく電気や水道に不自由していることもないと思います。インターネットにもつながる環境にいます。それなのに、そんな幸せな環境にいるのに、「自分には無理だ」なんてあきらめないで欲しいんです。

あなたの夢にはまだまだ可能性があります。大丈夫です。自分を信じてください。今も未来も諦めないでください。何度もお伝えしているように１人でやらなくたっていいんです。僕も絵本を発売したいと思ったけど、絵が描けなかったんです。でも、そこで諦めるんじゃなくて、１人でやろうとするのでもなく、草野さんという素敵なイラストレーターさんに頼ったんです。お願いしたんです。一緒にやったんです。そして、結果として、絵本を出す夢は叶ったんです。

叶った夢は、僕の夢だけではありません。草野さんの夢も同時に叶ったんです。あなたが夢に向かって動くことで、もしかしたら、誰かの夢も一緒に叶えられるかもしれないんです。あきらめずに夢を描いて、そして夢に向かって行動して欲しいなぁと思います。

問いかけ

(72) 諦めかけている夢はないですか？　1人でやらなくていいんです。あなたの夢は誰と一緒に動けば叶うことができますか？

——元手0円でも想いを形にして、社会貢献もできる

さて、今まで絵本の発売をしたことがない僕たちが、どうやって絵本を発売することができたのか？

それは、多くの方の力を借りることによって実現させることができました。利用したス

キームは、Makuake さんのクラウドファンディングです。僕たちの活動を応援してくれる支援者の方々を募り、それを元に絵本を制作したんです。そして、そのプロジェクトから発生する収益の全額を、日本マラウイ協会さんを通じて、マラウイ共和国の若者の支援に援助させてもらうことにしました。

「僕たちの絵本」という表現をしていますが、本当は僕たち２人で完成させたわけではありません。最初僕は、絵を描く人と文章を考える人がいれば、絵本は完成すると思っていました。読みが甘かったです。このプロジェクトに関わった人は、僕たち２人以外に、草野さんに紹介してもらったデザイナーさん、出版社さん、Makuake の担当者さん、Makuake さんに紹介してもらった発送会社さん、マラウイ支援のお手伝いしてくれる日本マラウイ協会さん、そして、このプロジェクトに共感してくださった１２５人の支援者の方々です。一部の方になってしまいましたが、絵本の巻末にも支援者の方のお名前を記載させていただきました。関わってくださった全ての方に感謝しています。僕らの活動に共感し、絵本を英語に訳し、その上、駐日マラウイ大使の方にお願いして、マラウイの言葉、チェワ語に訳し、マラウイに持ち込むというような話まで起こりました。

元々は、僕が「絵本を出したい」と思った「想い」がきっかけです。小さな火からスタートしたんです。元手は０円です。それが「想い」を信じて、発信し、行動したら、こんなにもたくさんの人が共感してくれて、応援してくれて、行動してくれたんです。草野さんの夢、僕の夢が叶っただけでなく、プロジェクトの収益は、社会貢献として、マラウイの若者への支援もさせていただくこととなり、さらにこの絵本を読んで、「感動した」「元気が出た」「勇気をもらった」という人たちも生まれたんです。

近江商人の経営哲学に「三方よし」という考え方があります。「売り手」と「買い手」の双方だけでなく、「社会、世間」も満足できるように事業を行う、というものです。規模は非常に小さいですが、これに近い形が今回の絵本プロジェクトで実施できたのではないかと思います。想いを掲げて行動し、関わった人たちを笑顔にしていきながら、その輪を広げていくと、世の中はいろんなことができるんだなぁということを感じました。

この絵本づくりで意識したのは「輪」「つながり」です。作中には5人の登場人物が出てきています。実はSKETCHの頭文字を取り、「S（リス）」「K（カンガルー）」「E（ゾウ）」「T（乱気流）」「CH（子ども）」を登場させています。（乱気流のTurbulenceはちょっと厳しい感じですが……ご愛嬌ということで）そして、そこには古代中国の思想「五行の考え」を取り入れています。

5人が「木（緑）」「火（赤）」「土（黄）」「金（白）」「水（黒）」のそれぞれのテーマカラーを絵本の中で表現しています。この絵本で、「裏」で伝えたかったことは、5人がみんな違う個性を持っていて、そして、それぞれが助け合い、繋がっているということなんです。

世の中に優劣はなく、あるのは個性だと思うんです。1人ひとりが持っている個性をみんなが認め合って、手を取り合って、夢を叶えていけばいいんだと思います。「私はネガティブ思考だからダメなんだ」って思う人がいます。でも世の中全員がポジティブ思考だったら大変です。楽観主義で、欠陥だらけの商品が世の中に溢れてしまうかもしれません。自分の個性をどう捉え、誰と組んで、どこで活かすのか、なんだと思います。今回のプロジェクトは、絵が描けない「才能なし」、元手0円「金なし」という状態で始まりました。多くの人と手を取り合うことで作品は完成し、微力ではありますが、マラウイ支援のお手伝いをすることもできました。1人ひとり「できること」「できないこと」があって当たり前です。**手を取り合って、輪を広げて、現実世界でいろんなものを生み出してみませんか？大変なことも多いですが、すごく楽しいです。**

問いかけ

㉝ あなたが「あなたらしく」行動すること、「あなたの」夢を叶えていくことで、周りの

人を幸せに、笑顔にできるかもしれません。あなたにとっての「三方よし」を妄想してください。あなたの夢が叶えば、相手や周りの社会がどのように良くなっていきますか？

――「創作活動」をしよう

ここまで、この章では「絵本」の話をしています。成功事例のような話に聞こえるかもしれませんが、実はこの絵本、今はほとんど売れていません（涙）。クラウドファンディングで支援してくださった方には、リターン品として絵本を贈らせていただいたのですが、若干多めに印刷させてもらって、残りの部数をAmazonさんで細々と販売させてもらってます。

いわゆる一般販売分は、ほとんど動いていないんです。そして、僕はこの状況に「ワクワク」しています。ちょっと頭がおかしいのかもしれませんが、いつかこの絵本が「レアもの」になるんじゃないかと妄想して、ワクワクしているんです。だって、わからないですよね。草野さんも僕も夢に向かってガンガン行動しています。さて5年後10年後、僕たちがどういう道のりを歩んでいくか、わからないですよね。

僕たちのどちらかが化ける未来があるかもしれません。そして、その時に、実は、昔、絵本を発売していたらしいよ。すでに在庫はなく、世の中に、数百冊しか存在していないらしいよ。ってことになったら、面白そうじゃないですか？　だから「ワクワク」するんです。これは僕の頭の中の「ストーリー」です。「この人、バカだなぁ」って思いますか？　別に思われてもいいんです。

ただストーリーを描いているということは、このストーリーが現実になる可能性があるということです。０％ではありません。

僕たちは、自分の頭の中のストーリーで生きています。そうですよね。人生をつまらないと思う人がいれば、人生が楽しくて仕方がないという人がいるんです。同じ仕事をしていても、仕事が辛いと思う人がいれば、仕事が最高だと思う人もいます。虹を眺めても、虹が7色だと思う人もいれば、５色だと思う人もいて、２色だと思う人もいるらしいです。（アフリカの部族でそういうところがあるらしいです）。この世界に存在する「事実」は、きっと同一です。その中で、**あなたが、その世界をどのように見て、どのように捉えて、どういう風に頭の中でストーリーを作るかで、捉え方、見え方が変わり、僕たちの人生が変わってくると思うんです。**

引きこもりで会社に行けない時もあった、アフリカの真っ暗闇の大地でバイクがパンクしたこともあった、夢だと思って発売した絵本が実は売れ残っている、いろんな「事実」があります。でもその事実をどう捉えて、どのようにそれを自分の人生のストーリーにしていくかは、僕たち個人の自由なんです。

本来、人は「創作活動」が大好きだと思います。古来から、人間は、音楽を作ったり、絵を描いたり、物語を書いたりしてきています。創作活動が好きなんです。だったら、自分の人生を1つの作品だと思って、創作しちゃえばいいと思うんです。この世の中に「あなた」という人物が存在していて、そして「あなた」がこの世の中をどうやって渡り歩くのかは、あなたの頭の中で創られたストーリーによって決まるんです。

どうせ創るなら、あなたが最高に楽しめるようなストーリーを創作しませんか？　ちなみにストーリーは、挫折、失敗、紆余曲折、そういったものがあるから面白いんです。ずっと絶好調のストーリーなんて面白くありません。ずっと平坦なストーリーは退屈です。そう思ったら、辛いこと、嫌なことも楽しく捉えられると思いませんか？　どう捉えるかは僕たちが決められ

『スケッチブックの冒険』
作：岩田麻央　絵：草野碧

るんです。**「浮いている」「妄想野郎」「勘違い甚だしい」と誰かに思われようが、ファンタスティックに世の中を眺められるファンキーな色眼鏡をかけて、街を歩き出しませんか？**

問いかけ

(74) あなたの今までの人生をストーリーにしてみませんか？

今までどんな壁を飛び越え、どんな波を乗りこなしてきましたか？　そういったことを面白おかしくストーリーにしてみましょう。現時点で、飛び越えても乗りこなせてもいないとしたら、さらに面白いストーリーを将来に向かって考えてみましょう。あなたの頭の中で笑い飛ばすことができれば、悩みも吹き飛んでいきますよ。

クエスト：あなた以外のストーリー

自分のストーリーを創ってみたら、今度は視野を広げて、「相手のストーリー」「世の中のストーリー」を創ってみませんか？　多くの人が忙しくて、大変で、自分のことで「頭がいっぱい」です。

そんな時代だからこそ、視野を広げて、「特定の誰か1人が幸せになれるストーリー」や「不特定多数が幸せになれるストーリー」を考えてみてください。

行動できなくても考えるだけでもいいです。自分ではない誰かを願う、想うということをやってみてください。不思議なもので、自分に執着すればするほど、幸せは遠ざかり、自分を手放し、相手のこと、周囲のことを頭の中に入れていくことで、幸せは近づいていきます。（前章でお話しした天国と地獄の話に近いです）。

13章　どんなレールをつくるのか？

――「ラットレース」のまま飛び出す

さて、そろそろ本書も終盤に近づいてきました。この章では、改めて、あなたの人生について、さらに深く考える時間を持ってもらいたいと思い、メッセージをお届けしたいと思います。

「ラットレース」という言葉をご存知ですか？　ロバート・キヨサキさんが『**金持ち父さん貧乏父さん**』という本で表現している言葉です。ネズミが車輪の中を走っても走っても、車輪がただ回転するだけで、前に進まず、資産が溜まっていかないという状態を指しています。

大学生の時、京都旅行中にこの本と出会い、観光など一切せずに、鴨川のほとりで、かじるように読んだことを懐かしく思い出します。働いても働いても豊かになれない「ラットレース」から抜け出し、自分のポケットにお金を入れてくれる資産を作りましょう、といったようなメッセージでした。

　就職活動を控えている当時の僕には刺激的でした。働かずに夕日を見ながら、家族とともに鴨川をのんびり散歩するような未来が待っているのかなぁと、憧れました。そこから数年し、アフリカに行き、お金の心配はないけど、仕事もない、という状態の苦しさ、辛さを経験しました。

「不労所得で悠々自適」という人生をあなたはどう思いますか？　僕は、そんな人生、めちゃくちゃつまらないと思うんです。「耐える人生」「追われる人生」が辛くて、「解放された人生」「楽な人生」を望む気持ちもわかりますが、「やることがない、暇な人生」というのは本当につまらないものです。

　ラットレースを抜け出て、ゆっくり座っていては、体がなまり、だんだんと太っていくだけです。僕は走り続けたい、それもがむしゃらに走り続けたいんです。その方が、刺激的で、楽しくて、様々な世界を覗けて、若々しく歳を重ねられると思うんです。汗をかき、恥をかき、そして、文字をかき、「３かき」で生きていきたいと思っています。

　だから僕はラットレースの車輪を回し続けます。その時に考えることは、「**どうやってラットレースの車輪を、支柱から外すことができるか？**」です。走るのはやめたくないんですが、走っても走っても、移動できず、縛られている、という状態からは脱したいんです。支柱を外すことができれば、あなたの好きな方向に、好きなスピードで走ることができるんです。だから、「ラットレースの車輪から抜け出し、不労所得を得るためにどうするか?」ではなく、「どうやって自分が好きなことに熱中して、車輪の中を走り続けられるように、支柱から外すか?」だと思うんです。

きっと、いろんな方法があります。誰かに頼んで外してもらう、自分でいろんな方向に走って、支柱を壊す、何か道具を使ってロックを外す、摩擦熱で溶かしてみる、妄想次第で、あなたの車輪を自由に走らせる方法はいくらでもあります。

結局のところ、この支柱を生み出しているのは、僕たちの頭の中です。僕たちが自分の頭で制限をつけて、僕たちの世界というのはこういうところなんだ、これが常識なんだ、これがセーフティーゾーンなんだと思っているだけなんです。本当はついていると思っている支柱も、実はもともとついていないかもしれません。速く走る人が優秀なんだ、豪華な車輪を持っている人（年収が高い人）の方が優れているんだ、というのも同様に妄想だと思います。そんな妄想を持っているから、もっと速く走らなきゃとか、もっと収入をあげなきゃとか、って勝手に自分を追い込み、焦らせ、苛立たせてしまっているんです。

人それぞれ、適正なスピード、装備、大きさというのは異なってくると思います。**拡大志向に陥らないでください。競争社会に踊らされないでください。**いつまでたっても「もっともっと」という気持ちが終わらず、あなたにとって不要な方向へ行動を促します。そうではなく、あなたにとって大切な方向に挑戦する時間にあててほしいなぁと思います。**僕たちは人生を生きるために生きているのではなく、人生を謳歌するために生きているんです。**

　お金を稼ぐために生きているんじゃなくて、お金は僕たちの人生を豊かにするために、僕たち人類が発明した道具なんです。単なる道具に振り回されないでください。包丁は、料理人が持てば素敵な料理を生み出し、犯罪者が持てば凶器に変わります。道具は「使い手」次第です。お金も道具、あなたが回す車輪も道具です。あなたの適正規模以上の車輪を回せば、転んで体を痛めたり、ぶつかって誰かを傷つけたりする可能性だってあるんです。あなたが「求めるもの」というのを周りの声、評価、常識などに惑わされずに、整えてください。

　これからあなたの目の前に広がる道は、凸凹道だったり、曲がりくねっていたり、下り坂だったりすることもあると思います。でも、ずっと平坦でまっすぐな道では退屈なんです。面白くないんです。それこそラットレースで支柱がついて回っている状態とあまり変わりません。辛い状況でも、何もない道よりはいいんです。新たな学びになったり、ほかの誰かを助ける知恵になったりするんです。ぜひあなたの道を、あなたの車輪を回して、歩き出してほしいなぁと思います。

問いかけ

㊼

あなたにとっての適正な車輪というのは、どのくらいでしょうか？

どんな人生をあなたは求めますか？　毎年どのくらいのお金を手に入れて、どのくらいのお金を使いますか？　どのくらいの大きさの家に住みますか？　心が許せる友人は何人くらいいますか？　あなたのことを求めるお客さんは何人くらいいますか？

1日、何時間くらい寝ますか？　1日何時間くらい働きますか？

あなたが最適だと感じるスピードや大きさをイメージしてみましょう。

――「このままでいいの？」は最高の質問

ここまで読んできて、改めて、あなたに問いたいのは「このままでいいの？」です。正直に言って、僕は「愚痴を聞く」のが大嫌いです。「こんな嫌なことがあった」「こんな不満がある」「ここが耐えられない」そんなネガティブな言葉を聞くのが大嫌いです。すごくシンプルに、「このままでいいのか？」「このままではよくないのか？」の二択で考えてください。そして、**愚痴を言いたくなるような「このままではよくない人生」を送っていると感じるのであれば、ただ変えればいいと思うんです。**諦めなければいけない、なんてことはないんです。

こういう話を、愚痴を言ってしまう本人に伝えると、大抵こういう返答があります。

「でも、私は●●だからできない」

例えば、「私は頭が悪いからできない」「私は才能がないからできない」「私は忙しいからできない」「私はお金がないからできない」こんな返答がきてしまうんです。とっても残念です。そう言っている限り、絶対「できない」です。この言葉があなたを「●●」という支柱にくくり付け、あなたを絶対に「できない」状態にしているんです。

「でも、私は●●だからできない」これは本当に怖い言葉です。

自分で自分の可能性の扉を完全に閉めてしまう怖い言葉です。この本で他に書いてある言葉を全て忘れてしまってもいいので、これだけは肝に命じてください。

「でも、私は●●だからできない」という言葉を二度と言わないでください。あなたが言うこの恐怖の言葉が、真実かどうか誰にもわかりません。誰と比べるかによっても答えが変わるし、比べ方によっても答えが変わります。

大事なのは、あなたが今ここに生きているということ、そしてこの先どう歩くかはあなたが決めるということです。背中を折り曲げて、下を向いてトボトボ歩くのではなく、「私にはできる」「もしかしたらできるかも」「できる方法は必ずある」と自分に言い聞かせ、自分を奮い立たせ、前を向いて歩きましょう。そして周りの世界を見渡しましょう。あなたが必要としているヒントのタネがいっぱい転がっていると思います。

あなたがよりあなたらしく生きるために、あなたらしい人生を創るために最初の質問となる「このままでいいの？」を自分自身に投げかけることを習慣にしてください。

「このままでいいの？」「いいやダメ」

「だったらどうするの？」「これをやってみよう」

「そんなことできるの？」「大丈夫、できる、なんとかなる」

と言い続けてください。

僕も懲りずに挑戦して、転んでは立ち上がって、また挑戦してを繰り返しています。家族で海外に移住しようと思い、フィリピンの永住権を申請しましたが、政治的な絡みに運悪くハマり、お金を捨てることになりました。それでも懲りずにマレーシアのビザ申請を行っています。多くの人を勇気づけるようなメッセージを発信したいと思って、こういう風に紙の本に挑戦したり、YouTubeで動画を投稿したりしています。住んでいる場所は数年単位で変わるし、職業だって不明です。子ども達も、その友人も不思議に思っていると思います。果たして、「あのお父さんは何をやっているんだろうか？」と。確かに何がなんなのかわかりません。残念ながら、うまく表現する言葉がないんです。

でも、自分の人生に、自分たちの人生にまっすぐと向き合い、表現し、歩いています。自分のサイズにあった車輪を回し続けています。これからも人生や未来の可能性を諦めずに挑戦して生きたいと思います。いろんな扉を開けて、いろんな世界を体験して生きたいと思います。3年後5年後、僕がどこに住んでいて、何をやっているかなんて誰もわかりません。僕自身もわかりません。

ただ芯は変わらないと思います。それは、**あなたの目の前の扉を開ける勇気を少しでもお届けしたい**ということです。あなたの目の前の扉は、一見鍵がかかって開かないように見えるかもしれませんね。本当は、開け方はいっぱいあるんです。開けた先のまだ見ぬ世界は、とても怖いものに見えるかもしれません。そんなときこそ、勇気を持って一歩だけ踏み出してほしいんです。

きっと怖いのって本当に一瞬で、そこを乗り越えれば、気持ちのいい空が広がった、新しい世界が待っていると思います。

問いかけ

(76)「私は●●だからできない」と自分に言い聞かせてませんか？　そうやって、本当のあなたが感じる「不満」に蓋をして、我慢しようとしていませんか？
そろそろ、自分でかけてしまった鍵を開けて、あなたの人生を解き放ってみませんか？

――あなたに伝えたい大事なこと

最高の質問「このままでいいの？」を問いかけ、「自分の人生を変えていこう」、「まずは一歩前に進めていこう」、いやいや、「大きなジャンプをするんだ」という気持ちになったら、次はこちらの質問を投げかけて欲しいと思うんです。それは「**では、これからどうするの？**」です。

これが全く見えていないと、不安になってしまって、やっぱり前の道に戻ろう、やっぱりこんな妄想はわがままだったんだ、って思ってしまいますよね。そうならないように5個の手順をお伝えしたいと思います。

1「決める」

本書を通して一貫して伝えたかったこと、それは「**あなたの人生はあなたが決める**」ということです。誰かが決めるんじゃなくて、あなたが決めるんです。さぁ、「あなたはどんな人生をこれから創って行きますか？」これを決めてください。あなたが決めた答えに、正解も不正解もないんです。ただ、あなたが決めないことには、他の誰かが決めてしまいます。受け身の人生、やらされる人生になってしまうんです。ぜひ決断をしてください。なかなか決断できないという方は「仮決め」でも構いません。あなたの決断を後々ひっくり返しても構いません。まずはあなたの気持ち、あなたの心、本来のあなたの希望、夢、願いに合わせて決めてください。ここから初めてあなたの人生が始まります。

僕もいっぱい描いて、いっぱい行動して、いっぱい失敗しました。でも、その代わり、少しずつ叶えられるものが増えてきました。理想を描いて（Sketch）、その人生（Life）を手に入れる、「Sketch Life」の考えを実践できるようになってきました。まずはあなたの理想の人生を決めて、描いて欲しいなぁと思います。

2「信じる」

あなたの理想の未来を決めた後、描いた後に、あなたがやることは「信じる」です。あなたが信じないで、誰が信じるんですか？誰も信じなくたっていいです。あなただけはその理想の未来を信じてください。もしあなたが心臓を悪くして手術を受けることになって、その担当医が自分の腕に自信を持てていなかったら、あなたはどう思いますか？　手術後の未来を担当医が信じられていなかったら、あなたはその人に、あなたの人生を託すことができますか？　嫌ですよね。理想の未来に向かって進むあなたの車に、あなた以外の多くの人の夢や希望が乗り込んできます。そうやって多くのエネルギーが集まって、叶えられていくんです。

そんな時、あなたの人生の運転手であるあなたが、自分自身のことを信じられていなかったら、どう思いますか？　現時点では、誰も信じなくたっていいんです。まずはあなたが信じてください。あなたが信じることで、だんだんと周りも信じてくれるようになるんです。自信がないという方は、本書5章のクエストで紹介させていただいた「自信回復トレーニング」にもぜひ取り組んでみてくださいね。

3「動く」

決めて信じたら、動いてください。あなたが動かないことには始まりません。とにかく動いてください。まずは「質」を気にせず、「量」を重ねてください。量の積み重ねが、あなたの才能を育て、あなたを理想の未来に連れて行ってくれます。動けば、失敗することもあるでしょう。失敗した自分を落ち込むのではなく、失敗した自分を褒めましょう。失敗というのは、「失う」「敗れる」と書きます。これを**「敗れる」機会を「失う」ものなんだと捉えるようにしましょう。**トランプが10枚あって、そのうち9枚は失敗、1枚に成功という文字が書いてあるとしたら、失敗のトランプを引けば引くほど、成功に近づいているんです。「敗れる」機会を「失う」んです。だから、失敗を迎え入れ、次の行動を行いましょう。失敗のカードが怖くて止まっていては、成功のカードは引けません。さぁカードを引きましょう。大丈夫です。たくさん失敗カードを引いている人にも、人は惹きつけられるものです。それも財産になるんです。反対に、何もカードを引いていない人のところには、手持ちのカードは0枚なのに、気づくと背中にたくさんのカードが乗っています。そのカードには「常識に従え」「嫌な仕事に耐えろ」「わがまま言うな」というような言葉が書かれています。**自分でカードを引くという選択をしない限り、重い荷物を背負った「らくだ」のように、耐える人生が待っています。さぁ動きましょう。**

4 「楽しむ」

「動く」ことが、しばしば「辛い」と感じる時もあると思います。そんな時こそ、できるだけ、毎日を楽しんでほしいと思います。「未来」に向かって動くと、つい「今」を見失ってしまうものです。だからこそ「楽しむ」というのを忘れないでほしいと思います。結局僕たちが生きられるのは今だけです。**Enjoy Everydayで、今が楽しい、という状態を毎日続けられれば、あなたの人生は最高に楽しいものになります。**ぜひ「子ども」のように純粋に毎日楽しんでほしいなぁと思います。

ニーチェの本で「精神の３つの変化」という話があります。「らくだ」が「ライオン」になり、そして「子ども」に変化していくという話です。まず、重荷に耐える「らくだ」が、自由を求め「ライオン」になります。でもこれでは「強奪」なんです。僕が個人事業主を目指し、会社の中で自分の意見を主張しすぎてしまい、青色と赤色をうまく混ぜることができなかったように、力が入りすぎてしまうんです。だから行き着くところは「子ども」なんです。

「子どもは、無邪気だ。忘れる。新しくはじめる。遊ぶ。車輪のように勝手に転がる。自分で動く。神のように肯定する。」（『ツァラトゥストラ（上）』フリードリヒ・ニーチェ著　丘沢静也訳）

力がみなぎっているライオンの状態から、少しずつ体を緩めて、自然体に楽しむ、子どもの状態になっていきましょう。

５「喜んでもらう」

理想の人生、理想の未来と考えると、「自分」のことに意識が行きがちになってしまうと思います。でもですね、１人で生きても幸せになれないんです。１人で成功しても面白くないんです。１人で達成しても楽しくないんです。ぜひあなたが理想の人生に向かって突き進むエネルギーを少しずつでいいので、相手の喜びに焦点を当ててください。僕たちは誰かに喜んでもらうことで、さらに喜び、さらに活力を得ます。**自分が動いて、誰かが喜び、その喜びを感じ、活力を受け取り、そしてさらに動けるようになります。**自分にとっても、相手にとっても、個人にとっても、社会にとっても、いい状態というのが生まれてきます。こうなってくると、人生って本当に楽しいと感じられると思います。

今僕には小さい子どもが２人いますが、２人ともお手伝いをするのが大好きです。親に喜んでもらいたいんです。本来僕たちは、誰かに喜んでもらえるのが大好きなんだと思います。ニーチェの本でも、精神が行き着く先は「子ども」でしたね。子どもから学んでいきましょう。

今回５個のポイントをお伝えさせていただきました。この５個を全部一気にやろうと思うと難しいと思います。ぜひ１番から順番に取り組んでみてください。難しいところがあれば、気にせず１つ飛ばしてやってみてください。試行錯誤やっていきましょう。

問いかけ

⑦⑦ あなたはどんな人生を創っていきますか？　まずはこれを決めてくださいね。決めたら、そうですね。信じる、動く、楽しむ、喜んでもらうの順番でやっていきましょう。

クエスト：「最初の問いかけ」を再び

本書の「最初の問いかけ」をもう一度あなたに質問をさせてください。

『「私の人生このままでいいの？」　この問いかけをされて、感じることを書いてみませんか？　まずは、漠然と「私の人生このままでいいのかな？」と考えた時に感じることを書いてみましょう。続いて、今度は、焦点を一つずつ絞って、仕事、お金、生活、趣味、外見、性格、家族、人間関係、居住地……思いつく限り、「このままでいいのかな？」と問いかけてみましょう。「このままじゃダメ！」って思ったら、そこからが第一歩です。「このままではダメ」だからといって、何も落ち込む必要はありません。「このままではダメ」と気づくことができれば、僕たちはその状態を変えていくことができます。』

最初にあなた自身に問いかけた時と比べて、何か変化していますか？

おわりに

ようこそ現実世界へ

——警告！　スイッチを切り替えないで

さて、もうすぐこの本が終わります。ここまで楽しんでいただけましたでしょうか？

人生の可能性、未来の広がり、そんなものを感じて、ワクワクしてもらえたかもしれないですね。でも、**この本を閉じれば、「現実世界」が待っています。**

この本を読みながら、あなたの頭の中では、「俺も映画監督になるぞー！」とか「私はダンサーに」とかって思っていても、本を閉じたら、目の前には現実世界が広がっています。満員電車で揺られながら本を読んでいたことに気づき、あと5分で会社の最寄り駅、「あぁ現実が待っている」、頭を妄想モードから現実モードへとスイッチを切り替えなきゃ、そう思っているかもしれないですね。さて、この2つの世界、どちらがあなたにとって真実の世界ですか？　本を閉じたら妄想世界が終わり、いつもの現実世界が待っている、結局本に書いてあることは夢物語、本の中では自分の可能性を広げ、ヒーロー気分になっていても、現実では、いつも通りの「イケてない自分がいる」そう思っていませんか？

本を読むだけで終わらせないでください。本を閉じて、スイッチを切り替えるように別の世界に戻らないでください。スイッチを切り替えるのではなく、意識を繋げるようにしてみてください。**あなたの頭の中の妄想世界を、目の前に広がる現実世界で表現してみてください。**真実そうに見えるものが、実は嘘だったり、怪しそうなものが実は本質をついていたり、みんなが言う通りにやっていたら、うまくいかなかったり、みんなと違うことやったら、新たなことに気づいたり、「あべこべ」なことがこの世の中にいっぱいあります。だから、ぜひあなたの頭で、自分の頭で考える癖をつけてください。

今あなたが生きているこの人生をどのように生きるかは、あなたの自由です。

あなたが操縦するハンドルを手放せなければ、あなたは自分の人生をあなたの手で動かすことができます。

あなたの人生はあなたの手で創ることができるんです。

現実世界をあなたの手で作り変えてください。現実世界であなたが感じる枠や囲い、仮面や檻は、あなたの妄想世界で作っていて、それが現実世界に現れているだけです。であれば、今本を読んでいるあなたの妄想世界を作り変えることで、あなたの現実の世界を変えることだってできるんです。

スイッチを切り替えるのではなく、意識を繋げることを意識してください。

――余計なお節介

さて、ここまで読んできて、あなたはどんな気分ですか？　老婆心ながら余計なお節介をお伝えしたいと思います。

まず、**本を読み終えて、その満足感に浸らないでください**。本書の冒頭で述べた通り、この本を読むことがあなたの目的ではないはずです。あなたの大切なお金と時間を使って、この本を読んで、読み終えて、あぁ満足した。では、残念ながら、あなたの人生に、たいした変化は生まれてこないんです。

「このままでいいの？」という質問に対して、「このままではダメ」だと感じていても、残念ながら、このままの現実世界が続いてしまうんです。もちろん僕は、この本の著者として、そんな結果をあなたに望んでいません。だから、あなたの人生を、あなたの現実世界を少しでもいい方向に変えてもらえるように余計なお節介を言いたいと思います。理想は、「Ｍａｏさん、そんなの余計なお節介ですよ。ここまで全ての問いかけ、全てのクエストに丁寧に取り組んできた結果、私の人生はすでに変化していますよ」と言ってもらえるのが一番なんですが、そんな読者さんおそらく１００人に数人くらいだと思います。そんな素晴らしい人は、この本なんか読まなくたって、自ら動き、自ら人生の問題について解決できる人なんだと思います。だから、そうじゃない、あなたにお届けしたいんです。この本を買って、テンション上がって、最初のいくつかの問いかけはやってみたものの、だんだんと問いかけを流し読みするだけになるようになって、ここまで読み進めてきてしまったあなた、そんなあなたにお届けしたいんです。

さて、あなたは今どう思っていますか？

「ここまで読みやすい文体でライトに楽しめたけど、まぁ内容は普通だな」って思っていますか？　もしかしたら「もっと圧倒的な成果を出したすごい成功者の本を読んだ方が学びになる」と思っていますか？　「この本」を商品として提供させてもらっている身として、僕自身は自分の作品のクオリティを追求するべきだと思っています。あなたの感想を素直に受け入れるべきだし、それを反省にして、次に繋げる責務があると思っています。

　これは僕視点です。それは後でちょっとだけお話しするとして、大切なのは、あなた視点です。今この本を読んでいるあなたがあなたの人生の主人公だからです。きっと高尚な学者さんが書いた「分厚い難解な本」を読んだら、「難してくわかりにくい」と思い、上場企業の偉大な社長さんや、有名人の成功本を読んだら、「自分とは違う世界の人間だ」と思い、僕みたいな、ぺーぺーが書いた本は、「簡単すぎる」「内容が普通だ」「体験談しか書いていない」と思うんです。わかりますか？　あなたの都合のいいように、**あなた以外の人や物をジャッジして、自分をセーフティーゾーンに置いておくようにする習慣がついているんです。**だから「このままの人生」があなたを待っているんです。

　当たり前です、あなたが今の自分の人生をある意味受け入れてしまっているんです。だから、本当に余計なお節介をいいます。

　このままの人生ではダメなんです！　絶対にダメなんです。もう本当に、絶対にダメなんです。一度きりの人生、「このままでいい」なんて人は、この本を手にしていな

いし、ここまで読んできていないんです。忘れないように、本の表紙とか、このページとかに、油性ペンで、デカデカと書いてください。「このままでは絶対ダメ！」って書いてください。あなたが今の人生や、今の自分自身を否定して、今の状態では満足できない、って思うことが、あなたの人生を変える1番のパワーになるんです。生まれ変わりましょう。一緒にもっと成長しましょう。今まで見ていない世界を体験しましょう。

　僕視点の話をします。僕も今のままでは絶対にダメです。この本は僕にとって初めての本です。厳密に言うと人生初となる商業出版です（今までの電子書籍と絵本とは立ち位置が違うんです）。この1冊に、今の自分の実力、経験、メッセージをすべて詰め込みました。脳みそに汗をかきながら、魂を込めました。それでもこの程度です。きっと「内容が普通」「単なる経験談を連ねただけ」「すぐに読み終わる」「他の本でも聞いたことのあるような話ばかり」という感想もいただくと思います。

　でも、これだけは言わせてください。僕は自分の経験したことを自分の言葉に変えて、この本を書きました。それだけは自信を持って言えます。他の本にあるようなコピペで、ありがちな成功メッセージを伝えたものとは違う本を作ることができたと思っています。本気で作り込みました。それでもこの程度なんです。だから今のままでは絶対ダメです。僕は「今のままでは絶対ダメ！」とこの本が出版されたら、黒の油性ペンでデカデカと書こうと思います。今の自分にとって、自己ベストの本を書けたという自覚はありますが。この自己ベストで満足するつもりはないんです。

もっともっと読んでくれた人を勇気付けられる、未来の可能性が伝えられるような本を書きたいと思っています。そのためにもっともっと挑戦していきたいと思っています。

でもこれはあくまで僕目線なんです。**さて、あなたはどうでしょうか？**

――隠れたスイッチをＯＮにしませんか？

僕たちの中には、凄まじい力が眠っています。でも文字通り「眠っている」んです。だとしたら起こさないといけないんです。今の僕たちは目を開けて生活をしていると思っているかもしれませんが、もしかしたらもっと開けることができるんです。だったら隠れたスイッチをＯＮにしませんか？　スイッチを「ＯＮ」にするには、今の人生に「Ｎｏ！」と言うんです。「Ｎｏ！」ということで、僕たちの人生は少しずつ変わっていきます。「Ｎｏ！」と言いつづけることで、ビックリマークの点が、少しずつ左にずれて「No．1」という字に変わっていきます。このNo．1は、別に誰かと比べて優れている、1番、1位という意味ではありません。単なる数字の「1」です。確かに「1」というのは小さい数字かもしれません。ただ0から1に変わるというのは、「偉大なる始まり」を意味します。ぜひあなたの「1」を踏み出してください。

NO NO NO NO と言い続けるんです。

僕も言い続けました。就活で否定されてNO、金髪で怒られてNO、会社がつらくてNO、アフリカでもNO、引きこもりになってNO、お金に目が眩んでNO、でもこうやって、いろんなところにぶつかりながらも、歩いていって、気づいたら、自分らしい人生を少しずつ歩んでいけるようになったんです。

ぜひ、NO NO NO NO と言い続けてください。気がついたら、いつしかそれが**ON ON ON ON に変わっていると思います。**あなたの隠れたスイッチがONになって、想像もできなかったような素敵な人生があなたを待っていると思います。

――手放しの喜び

石垣島からフェリーに乗って30分、黒島に1人で行きました。そこで、自然の風を受けながら、この本の原稿を書いていました。気晴らしに近くの海を散歩すると、そこには無数の魚たちが泳いでいました。地球は本当に豊かなんだと思います。この豊かな地球に生きる僕たち、今まで脈々と命を紡ぎ続けている僕たち、すでにとっても恵まれているんです。奇跡的に恵まれているんです。だから実は、そんなに怖がることなんてないんだと思います。

世の中の誰かが、僕たちに「恐怖」というものを植えつけようとしています。「恐怖」を植えつけることで、僕たちから主導権を奪おうとしているんです。「仕事がなくなったら生きていけないぞ」「お金がなくなったら生きていけないぞ」だから、「言われた通り」「我慢してお前はこれをやれ」と言われているんです。世の中は不況、世界は暗い、この暗い道を周りと同じペースで、必死にまっすぐ歩き続けなさい、少しでも踏み外したら、大変だぞ、生きていけないぞ、外の世界は怖いぞ、だから道を踏み外さないように、何も考えずにこの道を歩け、って言われているんです。

でも本当は外の世界はもっと自由で、もっと明るいんです。恐怖を植えつけて、僕たちをコントロールしたいだけなんです。豊かな星に生まれ、そして、１人ずつ違う顔を持ち、違う声を持ち、違う感性を持ち、生まれたんです。本当は比べる必要なんてないんです。この豊かさを受け入れて、ゆっくりと歩いていきましょう。

ここまで、僕は描くことの大切さを伝えてきました。理想の未来を描いて、そこに向かって、自分でハンドルを握って、自分で進む方向を決めて、進んでいこうという話をしました。でも、もしかしたら、理想の未来に向かう地図を手放してもいいかもしれません。計画は不要かもしれません。未来なんて本当は描かなくたっていいのかもしれません。**ただ、未来を信じて、自分を信じて、素直に、楽しく生きていけば、最高の未来へと自然と導かれるものなのかもしれません。**

僕もここまで導かれてきました。東京→アフリカ→香港→石垣島と導かれてきました。ここまで10数年間ノートに未来を描き続け、計画を書き続けました。結果としては、描いていた計画を超える「ジャンプ」が所々あったんです。理想の未来に向かって、車がまっすぐ進んでいるように見えて、振り返ってみると、時々ワープしているんです。ジャンプしているんです。何かがいたずらするかのように、笑顔で、僕を引っ張り上げてくれるんです。だから、もしかしたらコップを上向きにしておくだけでいいのかもしれません。**ただ未来を信じて、自分を信じて、コップを上向きにして、どこかからか落ちてくる雨水を、どこかからか落ちてくるチャンスを全て掴み取る、という気持ちを持っているだけでもいいかもしれません。**

最初にお伝えした通り、この本には答えは書いていません。答えなんて書けないいんです。誰かの成功論を学んでも、必ず通用するわけではないんです。綿密な計画を組んだって、計画通りになんていかないんです。これなら安心とすがりついても、その棒は倒れるし、努力して、ハシゴを登っても、空気が薄くなるんです。

まっすぐに伸びた道は、走っていても飽きてくる。過去を後悔しても、過去に戻ることはできないし、未来を描いても、未来を生きることはできない。

僕らが立っているのは今この一瞬だけです。

だったら、今この一瞬を自分らしく生きませんか?

あなたが自分らしく生きるためのヒント、きっかけをお届けすることができていたら、すごく嬉しいです。

さぁ、今この瞬間を、あなたの最高の笑顔で過ごしましょう。笑顔で前を向いて歩きましょう。豊かな地球で、手放しに今を喜んで、あなたらしい最高の人生の一歩を踏み出しましょう。

最終クエスト：最高の人生

本を閉じて、気持ちいいところに横たわって、笑顔で「幸せ」を噛みしめましょう。
あなたの人生は広がっています。幸せを感じてください。

またいつでもこの本に戻ってきてください。
僕はここで待っています。

イラスト／疋田沙希

岩田麻央（いわたまお）

Sketch Life 代表 「理想の未来を手に入れよう」をテーマに活動

1981年生まれ　東京出身　慶應義塾大学法学部法律学科卒業

某有名メーカーに就職するも、「働き方」や「人生」に疑問を持ち、2年間、アフリカのマラウイ共和国に青年海外協力隊として従事。

帰国後、満員電車で暗い顔して通勤する大人たちを見て、「最貧国と言われるマラウイ共和国に住む人たちの笑顔は素敵で、豊かな国に育つ、僕たち日本人は、なぜこんな生活しているんだろう」と衝撃を受ける。そのまま日本社会に飲み込まれ、結婚を目前に、会社に行けなくなり、引きこもり生活を経験する。

その後、大人たちが、好きなことを仕事にして、ワクワクした人生を創るお手伝いをすることを決意し、「Sketch Life」を立ち上げる。自身のメッセージを載せたホームページは、立ち上げ４年で約４００万人が訪れ、自身が手がけた「人生を変えるプログラム」は７０００名以上が体験。

公式ホームページURL https://sketch-life.com

本著の他に、『学校では教えてくれない　楽しい人生をつくる教室』（電子書籍）アマゾンKindle総合新着１位　自己啓発部門・ビジネス部門など８部門１位を獲得。Makukaeクラウドファンディングにて『スケッチブックの冒険』（絵本・リーブル出版）を制作、達成率は３００％を超え、収益はすべてマラウイ共和国の子どもたちの笑顔につながる活動に充てている。

「このままでいいの？」

あなたの人生《じんせい》を一緒《いっしょ》に考《かんが》えて、答《こた》えを作《つく》り上《あ》げていく本《ほん》

2020 年 4月15 日　初版第 1 刷

著　者 ――― 岩《いわ》田《た》麻《ま》央《お》
発行人 ――― 松崎義行
発　行 ――― みらいパブリッシング
〒166-0003 東京都杉並区高円寺南 4-26-12 福丸ビル 6 F
TEL 03-5913-8611　FAX 03-5913-8011
企画協力　J ディスカヴァー
カバー・本文　イラスト　疋田沙希
カバー写真　熊谷彩子
ブックデザイン　堀川さゆり
発　売 ――― 星雲社（共同出版社・流通責任出版社）
〒112-0005 東京都文京区水道 1-3-30
TEL 03-3868-3275　FAX 03-3868-6588

印刷・製本―株式会社上野印刷所
日本音楽著作権協会（出）許諾第 2062799-001号

ISBN978-4-434-27355-1 C0036